AF356366

DANS LA PEAU DE L'AUTRE
Aberline

La quête identitaire

– THÉÂTRE –

2 de 4, de la série *Tranches de vie*

Madeleine Bégon

Saisie électronique
Madeleine Bégon

Correction et mise en pages
Margaret Papillon / Butterfly Publications

Révision
Margaret Papillon / Butterfly Publications

Relecture (collaboration spéciale jeunesse)
Orphanie Bégon Leroy

Illustration de la couverture
© Œuvre du peintre Albert Desmangles

Réalisation graphique de la couverture
Margaret Papillon / Butterfly Publications

ISBN-13: 978-2-923507-03-3

Distribution
amazon.com
Communication Plus / complusa@yahoo.com

© *Madeleine Bégon, Montréal, 1998 /* **2017**
mad.15@hotmail.com

À mes enfants :
Orphanie
Christopher
Shamyr'Ann
Kevin
Farrah
Glory'Ann

Avant-propos

Chaque génération apporte avec elle ses auteurs majeurs et son théâtre qui laissent leurs empreintes sur ses courants d'idées, son style. Tout dramaturge est régi par un ensemble de principes sur lesquels reposent ses opinions, sa vision, sa conduite ainsi que l'essence de ses écrits. Ceux de Madeleine Bégon sont particulièrement intéressants parce qu'ils nous rejoignent dans nos derniers retranchements. Ainsi, l'aimons-nous pour avoir adapté ses idées aux changements, aux problématiques sociopolitiques et économiques.

C'est une plume vraie, claire, impitoyable, bouleversante qui implique le changement, la nouveauté, la liberté d'expression, grâce à la magie de ses mots pour dénoncer l'inacceptable. *Parlons-en (Deblozay), le Prix du sang, Résidence surveillée, Pasteur Saint-Joie,* entre autres titres, constituent autant de pièces de théâtre qui font l'honneur de cette grande dame Haïtiano-québécoise qui ne laisse personne indifférent.

À travers ses textes, poèmes d'amour ou engagés, Madame Bégon est avant tout une éducatrice engagée qui peint les drames de notre société ; elle nous alerte sur ses dérives et sur l'état de conscience de l'Homme pris aux pièges de nos affres et turpitudes d'humains. Son théâtre échappe souvent aux normes, il surprend, choque notre morale, notre conformisme et ébranle nos états d'âme. Madeleine Bégon lézarde les murs de notre zone de confort. La constance de son style trouve son explication dans sa révolte contre l'injustice, l'inégalité et tout obstacle à la liberté. Son style traduit purement et simplement son désir de vivre en citoyenne engagée. On peut l'observer à partir de sa nouvelle œuvre, cette série de quatre pièces de théâtre destinées à une télésérie nommée «**Tranches de vie**», chacune traitant de problématiques qui nous touchent au quotidien : l'amour, l'amitié, la maladie, le racisme, la quête identitaire, l'exil, l'immigration, la violence conjugale, l'émergence sociale, etc.

Voilà autant d'intrigues et de sujets de réflexion que Madeleine Bégon nous expose dans ses écrits qui réveillent notre esprit routinier trop confortable. Il y a donc, en elle, le génie de pousser ses personnages jusqu'au bout de leurs sentiments les plus intimes. Elle nous fait vivre à travers eux, nos passions et fantasmes les plus refoulés.

Éternel Victor
Auteur, dramaturge.

SYNOPSIS

DANS LA PEAU DE L'AUTRE

La quête identitaire

La pièce se déroule dans la maison familiale de Joël Trudel, le mari, de race blanche et d'Aberline son épouse, une métisse. Le couple a une fille de 16 ans, Maureen.

Aberline, cadette d'une famille de quatre, trois filles et un garçon, est le fruit d'une relation entre un coopérant canadien venu en mission humanitaire dans un village au sud d'Haïti et d'une jeune Haïtienne, il y a quarante ans. Il serait reparti sans laisser de traces. Aux questions de la fillette devenue femme, la mère ne répond que par ses silences qui, à chaque fois, semblent faire émerger des souvenirs qu'elle garde précieusement au fond de son cœur.

Aberline veut connaître l'origine de cette peau à la couleur indéfinissable. La femme porte en elle un profond conflit identitaire. À l'adolescence, elle se faisait appeler la *grimelle* ou *peau à l'envers*, une sorte de trahison culturelle. Elle évolue entre deux mondes : au regard des blancs, elle n'est qu'une négresse parmi les autres tandis que du côté des noirs, elle n'est pas des leurs. Pas tout à fait.

Pourtant, la belle et dynamique jeune fille a épousé Joël, son amoureux Caucasien rencontré à l'université, lui aussi étudiant en techniques de scène. Du bouquet de joie, éclatant de vie, Aberline s'est transformée au fil des ans en une femme repliée sur elle-même, fragile en réaction avec son entourage familial et ses amis.

Ses choix vestimentaires témoignent de son mal-être et handicapent même sa vie de couple. Pourquoi dissimule-t-elle ce corps avec tant d'acharnement sous des robes amples, des cols roulés et sa magnifique chevelure par un turban ? A-t-elle peur ? Mais de quoi ? Son quotidien est marqué par cette ambigüité identitaire, ses désillusions professionnelles et ce questionnement qui la taraude. Pourquoi le téléphone ne sonne-t-il presque plus pour des rôles ou des contrats alors qu'elle a du talent à revendre ? Son agent n'a pas forcément les réponses aux frustrations de la femme devenue de plus en plus irascible. Elle vit pourtant dans une société réputée ouverte, où le racisme est diffus, presque imperceptible…

Cette peur de l'autre, Aberline fait tout pour la transmettre à Maureen, sa fille unique, qui aurait bien aimé avoir des frères et des sœurs. Mais, Aberline avait décidé d'une ligature des trompes, au grand désespoir de son mari. Elle s'oppose par ailleurs à l'amour naissant entre Maureen et un jeune Québécois. La raison ? Il est un *blanc* et par association, c'est un menteur, un hypocrite qui, selon Aberline, laissera tomber sa fille, comportement qu'elle reproche à son propre père. Mais, quelle incohérence alors qu'elle-même a épousé un homme de race blanche…

La femme est inquiète jusqu'à l'angoisse à l'idée de participer au souper d'anniversaire de Maman Aline. Cette dernière vit chez son fils Éric, dont le comportement irresponsable met à mal la stabilité de son propre foyer. La fête se déroulera au restaurant d'Andréa *l'usurpatrice*. Andréa est détentrice des secrets familiaux qu'elle partage avec *maman Aline…* qui promet une surprise à la famille pour ses 65 ans.

Bienvenue dans l'univers tourmenté d'une femme qui a pourtant tout pour être heureuse.

Personnages

ABERLINE (40 ans) épouse de Joël
JOËL (45 ans) époux d'Aberline
MAUREEN (16 ans) fille de Joël et d'Aberline
MITCH (19 ans) petit ami de Maureen
MAMAN ALINE (65 ans) mère d'Aberline, d'Éric, de Marylise et d'Andréa
SHAUNA (16 ans) voix au téléphone, fille d'Andréa, sœur aînée d'Aberline)
SAMANTHA (16 ans) voix au téléphone, fille de Marylise, sœur aînée d'Aberline
MAUDE (la soixantaine) amie de Maman Aline
ROBERT LEVAC, (57 ans) invité surprise de Maman Aline
Deux policiers, un homme d'âge mûr, de race noire ; une jeune femme blanche dans la trentaine.

Genre : Drame

ACTE 1
SCENE 1

Décor et mise en scène :

Salon / gazebo de la famille d'Aberline et Joël. Le décor est champêtre, avec de belles plantes. Le soleil perce entre les branches à travers les carreaux des fenêtres vitrées. Des meubles en bambou, des coussins jetés çà et là avec goût, des tableaux aux motifs fleuris, deux petites tables basses, un beau miroir sur pied, une chaise longue, une horloge antique accrochée au mur, au fond de la scène on voit un escalier menant vers l'étage supérieur.

Aberline porte une robe fleurie, ample, manches longues et col roulé. Elle a les cheveux cachés par un turban pastel, des sandales à talons moyens. Très beaux traits, on ne lui voit que le visage et les mains.

Maureen leur fille, quarteronne de seize ans, porte short et t-shirt avec des sandales estivales.

Aberline semble préoccupée. La perspective du souper familial organisé au restaurant appartenant à l'une de ses sœurs, Andréa, à l'occasion de l'anniversaire de leur mère Maman Aline, l'inquiète.

La scène se passe entre Maureen et sa mère.

MAUREEN

Allons, maman, arrête de te ronger les ongles, rappelle-toi de ce que le médecin t'a dit.

ABERLINE

Je me moque de ce que dit ce vieux fou ! Il est presque sénile ! Je ne sais même plus pourquoi je continue à aller le voir, d'ailleurs.

MAUREEN

Pourquoi es-tu de si méchante humeur ?

ABERLINE

Tout ce remue-ménage me dérange. Je n'ai pas envie de me rendre à cette fête… familiale !

MAUREEN

Oh ! C'est ça ! L'anniversaire de grand-maman, mais moi j'ai hâte !

ABERLINE

De mon côté c'est l'inverse ! Surtout en ce moment et à cet endroit !

MAUREEN

Mais, maman, c'est toujours ainsi dans la famille ! Ce système de rotation est bien établi. Une fois chez l'un, la prochaine, chez l'autre ! L'an dernier c'était chez oncle Éric, maintenant c'est le tour de tante Andréa !

ABERLINE

Tante Andréa ! (geste ironique de la main) Ta tante c'est la sœur de ton père ou de ta mère…ce qui n'est pas le cas pour elle.

MAUREEN

Maman, lâche donc prise, fais comme les œufs dans une pâte à gâteau, relaxe…

ABERLINE

De quel gâteau parles-tu ?

MAUREEN

Fais comme les ingrédients dans une recette de pâtisserie fine, mélange-toi à nous, aux autres.

ABERLINE

Tu veux que je fasse semblant que toute cette mascarade ne me dérange pas ? Oh, non !

MAUREEN

Laisse-toi imprégner par l'environnement, par l'amour de ta famille, tu verras, ça ira mieux pour tout le monde !

ABERLINE

M'imprégner de qui ? De cette Andréa aussi ?

MAUREEN

Tu n'as pas vraiment d'autres choix, sinon, tu risques de passer ta vie comme le pouce… !

ABERLINE

Je ne me suis jamais sentie autrement, moi ! Je reste à ma place…

MAUREEN

Si tu te tiens à l'écart, alors que les autres sont … tous ensemble, tu seras la seule responsable de ton isolement !

ABERLINE

C'est mon choix ! Et je resterai isolée, comme tu le dis ! La paix !

MAUREEN

Si c'est ton choix, c'est bon ! Mais, assume ta décision… ne rejette la faute sur personne d'autre.

ABERLINE

Toi, la fille, depuis quand prends-tu parti pour eux contre moi ?

MAUREEN

Prendre parti ? Moi? Contre toi en plus ? Mais, maman, ce sont *TES* sœurs, *TA* mère et *TON* frère, je n'ai pas à prendre parti !

ABERLINE

Mais, c'est ce que tu fais, je te le signale !

MAUREEN

Moi aussi j'ai mal, maman !

ABERLINE

Tu as mal ? Mais, de quoi ?

MAUREEN

J'ai mal de vivre ta douleur, maman ! J'ai mal de cette souffrance que tu nous transmets à papa et à moi.

ABERLINE

Je les déteste tous ! Ne m'en reparle plus, je n'ai rien en commun avec ces gens…

MAUREEN

Pourquoi les détestes-tu autant ? Qu'est-ce que tu leur reproches ?

ABERLINE

Je déteste ces occasions où ils se réunissent et simulent l'harmonie parfaite. Une bande d'hypocrites !

MAUREEN

Maman, tu devrais repenser ton attitude… remettre en question ton comportement envers le reste de la famille.

ABERLINE

Franchement je ne sais plus qui est de ma famille. Je m'efforce trop, et depuis trop longtemps, de décrypter mon identité… je suis comme un bébé loup abandonné en chemin par la meute… à une espèce différente.

MAUREEN

Maman, je suis de ta famille, moi ! Papa aussi, tante Marylise, oncle Éric, tante Andréa… Leurs enfants sont mes cousins, en tout cas… Shauna… Jimmy, Samantha, Yvane, Christina etc.

ABERLINE

C'est bien, toute la république est de ta famille, toi !

MAUREEN

Eh oui ! C'est cool et j'aime ça !

ABERLINE

Ils se ressemblent… Moi, je ne ressemble à personne, donc, je ne suis pas des leurs!

MAUREEN
Veux-tu au moins être des leurs, maman ?

ABERLINE
Chacun d'eux connaît son histoire, la mienne s'est perdue entre le bureau de poste, les bienfaiteurs humanitaires et les précieux souvenirs de maman Aline !

MAUREEN
Pourquoi ne l'appelles-tu pas, maman, tout simplement au lieu de *maman Aline* ?

ABERLINE
Je l'ignore, j'ai toujours entendu les autres l'appeler ainsi, Andréa l'appelait ainsi, je fais comme tout le monde, quoi!

MAUREEN
Ah !, je vois…, tu fais comme tout le monde quand cela te chante…

ABERLINE (la voix impatiente)
Je ne sais pas pourquoi on l'appelle ainsi…

MAUREEN
Je vais le demander à tante Marylise !

ABERLINE
Je te souhaite d'obtenir une réponse… je cherche les miennes depuis 40 ans !

MAUREEN
Maman, ils t'aiment, tout le monde t'aime… Mets donc les chances de ton côté…

ABERLINE

Parle pour toi… Ce « tout le monde », c'est qui au juste ?

MAUREEN

Maman, dis-moi, qui était ton meilleur ami durant ton enfance ?

ABERLINE

Je n'avais aucun meilleur ami… au secondaire un ou deux… à l'université peut-être… ton père.

MAUREEN

À l'école primaire ?

ABERLINE

Non ! Surtout pas à l'école primaire… ils se moquaient de moi !

MAUREEN

Pourquoi?

ABERLINE
(retroussant un peu sa manche avec dédain
pour montrer sa peau)
Pour ça ! Certains m'appelaient *grimelle, crevette échaudée*, d'autres me tiraient les cheveux et me criaient… *grosse tignasse* ! (sa voix se casse d'émotion). Les enfants peuvent être assez méchants… ils reproduisent les comportements des adultes…

MAUREEN

Pourtant, on a presque la même couleur de peau et mes amis sont tous gentils avec moi… enfin, il me semble !

ABERLINE

C'est ton impression, ma chérie, rien qu'une impression… Les gens sont hypocrites dans l'âme.

MAUREEN

Personnellement je ne perçois aucune méchanceté chez mes amis… enfin, peut-être que c'était plus difficile de ton temps…

ABERLINE

De mon temps…, car maintenant c'est différent ? Les gens sont tout aussi racistes, tout aussi bornés qu'avant… ils le cachent quand ils n'ont pas le choix !

MAUREEN

Maman, on va attendre que je vive ça personnellement pour opiner. Mais…papa est un Caucasien…si tu ne les aimes pas à ce point, pourquoi as-tu épousé un des leurs ?

ABERLINE

J'avais mes raisons.

MAUREEN

Tu avais *tes* raisons ? Selon toute vraisemblance je suis le fruit de cette union, je devrais les connaître, maman !

ABERLINE

Il est préférable que je te protège en te prévenant… ne fais jamais totalement confiance… à un blanc !

MAUREEN (hésitation dans la voix)
Tu penses vraiment que tous les blancs sont malhonnêtes, maman ?

ABERLINE
Je ne le pense pas… j'en suis persuadée !

MAUREEN
Alors, dis-moi…, pourquoi as-tu épousé papa ?

ABERLINE
Ton père, il a son rôle dans notre vie, je ne veux pas en parler… pas maintenant !

MAUREEN
Changeons de sujet … comme d'habitude…

ABERLINE
Oui, je préfère changer de sujet quand ça devient inutile !

MAUREEN
Inutile ou trop sensible, maman… Tu me crois fragile, j'ai quand même 16 ans.

ABERLINE
Si tu savais à quel point tu es jeune et tout ce qu'il te reste encore à vivre.

MAUREEN (soupirant)
Revenons à ta famille, ils disent que parmi les frères et les sœurs, il y en a toujours qui sont plus proches que d'autres... comme des complices. Tu étais plus proche de qui maman ?

ABERLINE (hésitante et le regard fixé sur le vide)

Là-bas, il y a bien longtemps…

MAUREEN

Là-bas… tu veux dire au pays de grand-maman ?

ABERLINE

Oui… oui…

MAUREEN

Continue, maman… tu disais que là-bas…

ABERLINE

Oui…, là-bas, quand nous étions petits, on jouait tous ensemble le soir sous les arbres… au bord de la rivière. On regardait la lune, on comptait les étoiles, chacun avait la sienne... Nous parlions au dieu et à la déesse des mers et ils nous répondaient par les coquillages…Les tantes racontaient des histoires… on était tous proches… on dormait tous ensemble, collés l'un à l'autre… on était bien…

MAUREEN

Donc, vous dormiez tous dans la même chambre ?

ABERLINE

Oui…, dans le même grand lit... à l'exception d'Andréa.

MAUREEN

Ah, bon ! Pourquoi cette différence ?

ABERLINE

Elle avait son lit dans la chambre des adultes, celle de maman Aline et tante Ana. Elles parlaient, chuchotaient jusqu'à très tard… dans la nuit, comme trois amies !

MAUREEN

Ah... intéressant ! Tante Andréa ne dormait pas avec les enfants, mais dans la chambre de ta mère... et tu lui en veux pour ça ?

ABERLINE

Oh ! Ne recommence pas !

MAUREEN

Sincèrement, dis-moi pourquoi tu ne l'aimes pas... disons... pas beaucoup ?

ABERLINE

Arrête ton sarcasme... Je lui en veux, dis-tu ? Pourquoi lui en voudrais-je ? Elle passait très peu de temps en notre compagnie...

MAUREEN

Comment cela ?

ABERLINE

Elle était la plus âgée il me semble... C'était comme la petite maman... elle se levait plus tôt que nous... Elle s'affairait beaucoup dans la maison... on prenait notre petit déjeuner et on partait pour l'école. Andréa, de son côté, restait à la maison pour aider maman et tante Ana... avec les tâches ménagères.

MAUREEN

Je ne comprends pas... N'allait-elle pas à l'école en même temps que vous, le matin ?

ABERLINE

Non..., il me semble que non... elle était trop âgée pour la classe. Comme ses deux petits amis du voisinage, elle partait l'après-midi avec une ardoise et un cahier en main. Elle revenait le soir. Andréa se couchait aussi la dernière…

MAUREEN

Drôle de système… où tous les enfants ne vont pas à l'école en même temps… Et… est-ce que cela a changé depuis ?

ABERLINE

Non…, je ne pense pas… ce système existe encore…

MAUREEN

Bizarre ! Pourquoi cette différence entre des enfants qui vivent dans la même maison ?

ABERLINE

Je l'ignore… les humains ont des comportements singuliers… d'une société à l'autre.

MAUREEN

Sont-ils nombreux, les enfants comme Andréa? Je veux dire... des enfants qui travaillent de longues heures pour aider des adultes alors qu'eux-mêmes ne bénéficient d'aucune attention particulière ni des services et traitements dus à leur âge ?

ABERLINE

Oh oui, ils sont encore trop nombreux. Aux dernières nouvelles plus d'un million… d'enfants vivent en domesticité ou sont abandonnés dans ce pays.

MAUREEN

Un million d'enfants ? Mais c'est une population maman ? Où sont leurs parents ?

ABERLINE

Le problème est justement là, ma chérie, ils ne vivent pas chez leurs parents biologiques… Ils habitent avec d'autres membres de la famille et parfois avec de parfaits étrangers… d'ailleurs, on les appelle des *restavèk*… ces enfants *qui restent - avec*… qui *vivent avec* d'autres… affamés, soumis à toutes formes de violences...

MAUREEN

Et ils se lèvent avant tout le monde, vont à l'école le soir et se couchent après tout le monde… C'est carrément inhumain, c'est de l'esclavage moderne, toléré par des inconscients tapis derrière leur silence complice, maman ! Ça me rappelle « The Sixties Scoop »… quelque chose que j'ai étudié en histoire au sujet des enfants autochtones vendus aux États-Unis, en Europe et aux familles blanches du Canada.

ABERLINE

Eh oui…, sauf que ces enfants-là ne sont pas adoptés légalement, mais simplement donnés, vendus ou échangés contre une promesse de vie meilleure...

MAUREEN

On ne croirait pas que ça puisse exister au 21e siècle… se comporter de la sorte envers des enfants sans défense… C'est impensable !

ABERLINE

Andréa avait une petite copine qui venait chaque samedi à la maison pour manger du bouillon de bœuf et maman Aline lui donnait un bain…, je m'en souviens parfaitement.

MAUREEN

Pourquoi ? Elle ne prenait pas de bain chez elle ?

ABERLINE

Visiblement pas. Pire encore… après le bain, maman Aline, lui passait de l'onguent, car elle avait la peau hachurée par des coups de fouet… Il y avait aussi un petit garçon à qui il manquait un œil, crevé avec le crayon qu'il aurait volé… par la fille de la famille où il vivait… Une autre petite fille servait de terrain de jeux au fils de famille qui pratiquait ses expériences sexuelles au vu et au su de tous… Quand ce n'était le maître de maison lui-même…

MAUREEN

Mais, ce sont des histoires d'horreur ! Où sont les voisins, les autres aînés de la société… les dirigeants… les organismes de protection de la jeunesse…

ABERLINE

Quand certains adultes frappent ces enfants, d'autres se taisent… d'autres osent en parler, mais presque personne ne les écoute. Il n'existe aucun filet de protection… rien pour protéger quiconque là-bas. Il en est de même pour les aînés… Changeons de sujet, veux-tu ?

MAUREEN

OK…, mais c'est triste quand même… Dis-moi, où sont les parents de tante Andréa ?

ABERLINE

Je ne sais pas…, mais maman Aline est sa marraine… ou la cousine de sa vraie mère…

MAUREEN

Serait-ce à cause de cette différence, entre elle et toi..., que tu ne sembles pas beaucoup l'aimer ? Tu la considères comme une ancienne domestique... donc, elle te serait inférieure... disons... pas ton égale...

ABERLINE (hésitante et esquivant la question)

Je ne saurais te répondre... Andréa parlait aux adultes et on l'écoutait... des gens venaient à la maison pour lui poser des questions... elle avait un tambour... son tambour... Elle tapait dessus et leur fournissait des réponses...

MAUREEN

Pourquoi ne l'aimes-tu pas... ?

ABERLINE

Je ne sais pas !

MAUREEN

OK, OK... là, ça devient sensible... Et ensuite... maman, raconte...

ABERLINE

Je disais que nous étions tous ensemble... on riait, on chantait le soir... on se baignait dans la rivière... je savais très bien nager, tu sais...

MAUREEN

Tiens, tiens, maman sait nager ! Et, pourquoi ne viens-tu plus à la piscine avec nous depuis quelque temps ?

ABERLINE

J'ai mes raisons...

MAUREEN

Sans doute, maman… sans doute… et d'autres raisons dont tu refuses de parler.

ABERLINE

Ce n'est pas le moment, Maureen.

MAUREEN

Je pense que même avec un burkini tu ne viendrais pas…

ABERLINE (hésitation)

Hummmm… c'est un peu fort ça, non ? Moi, portant un burkini…!

MAUREEN

Juste une parenthèse maman…est-ce qu'on a fait le peau-à-peau quand je suis née ?

ABERLINE

Bien sûr, voyons… toutes les mamans le font avec leur nouveau-né !

MAUREEN

Donc…, j'ai déjà eu un vrai contact avec ta peau…

ABERLINE

Certainement ! À quoi penses-tu ?

MAUREEN

Heureusement ! Merci mon Dieu !

ABERLINE

Pourquoi heureusement ?

MAUREEN

Je me comprends… ça n'arrive pas souvent… que nous nous collions l'une à l'autre, toi et moi…

ABERLINE

Que veux-tu insinuer par là, Maureen ?

MAUREEN

Maman, quelle a été la dernière fois que tu m'as prise dans tes bras… que tu m'as donné ne serait-ce qu'un baiser sur le front ? T'en souviens-tu ? Pas moi !

ABERLINE

Est-ce que tu inscrirais sur un agenda le nombre de fois que je te touche, Maureen ?

MAUREEN

Ce serait bien possible…, mais il y aurait trop de pages vierges… On continue, ensuite, que s'est-il passé ?

ABERLINE

Tout allait bien… Ensuite, il y a eu l'événement… c'est ainsi que l'on qualifiait ce qui s'était passé… les gens chuchotaient… pleuraient… maman Aline aussi, pleurait beaucoup.

MAUREEN

Quel événement ?

ABERLINE

Il semble que quelque chose était arrivé à tante Ana… Elle et Maman Aline sont parties se baigner puis on l'a ramenée à la maison allongée sur une sorte de porte… ils l'ont couchée dans son lit et recouverte d'un drap blanc… d'autres membres de la famille sont arrivés plus tard, ils pleuraient…et tante Ana est restée couchée sur son lit sans bouger… le soir, Andréa a allumé trois chandelles dans la chambre, elle s'est enfermée seule un long moment avec tante Ana. Il y eut comme une fête… la veillée, qu'ils appellent ça là-bas… les gens chantaient… buvaient du thé et de l'alcool, ça sentait la cannelle et la citronnelle… ils parlaient fort…toute la nuit…

MAUREEN

Tante Ana était tombée malade, ou quoi ?

ABERLINE

Non…, le lendemain quand on a voulu aller la voir, Maman Aline nous a dit qu'elle s'était noyée dans la rivière, je crois.

MAUREEN

Elle s'est noyée ? Elle ne savait pas nager, maman?

ABERLINE

Oh, oui ! Tous les enfants qui grandissent aux abords de la rivière savent nager, là-bas…

MAUREEN

Mais, elle est morte dans la rivière…? Je ne comprends pas ! Elle ne savait donc pas nager.

ABERLINE

Je ne saurais te répondre… c'est ce que j'ai entendu dire… on a arrêté d'en parler aussi… les adultes nous interdisaient ce genre de conversation…

MAUREEN

OK… et puis?

ABERLINE

Ensuite, Andréa a longtemps chanté dehors sous le gros Mapou familial, son arbre, comme on l'appelait…

MAUREEN

Il y avait un seul arbre dans la cour ?

ABERLINE

Oh non, voyons, il y en avait beaucoup… Chaque membre de la famille avait le sien, notre arbre-nombril… notre totem. Pour tante Ana c'était un Orme.

MAUREEN

Amusant maman… comme ça, tante Ana, tante Marylise, mon oncle Éric… ont aussi leur arbre ?

ABERLINE

Oui ! Même moi… chacun de nous possède un arbre sur l'habitation familiale, planté avec son cordon ombilical… c'est une tradition… le mien, c'est un Bégonia…

MAUREEN

Si je comprends bien, you all belong to this land… vous êtes enracinés, vous êtes liés à cette terre là-bas ! Mais, c'est merveilleux, maman !

ABERLINE

Oui, d'une certaine manière…, mais c'est si loin !

MAUREEN

Peu importe le temps et la distance…, tu as un arbre qu'a fait pousser ton cordon ombilical ! Dis-moi, maman…, il est où mon cordon ?

ABERLINE

À la troisième page de ton album-photo, mon amour…

MAUREEN

Quoi ? Inacceptable ! Je vais demander à tante Marylise et à Andréa où sont ceux des cousins…

ABERLINE

Je n'en suis pas certaine concernant les enfants de Marylise. Mais, selon ce que j'ai entendu dire… Andréa est partie un jour avec les cordons de Shauna et d'Yvane. Elle les a plantés là-bas avec deux calebassiers*[1], proches d'une source…

MAUREEN

Et mon cordon ombilical est dans un album-photo ? Il ne sert à rien, même pas à faire pousser un arbre au pays de grand-maman Aline ? Oh mon Dieu ! C'est une catastrophe naturelle maman !

ABERLINE

Mais…, pourquoi cette panique ? Tu l'as encore !

MAUREEN

Pourrais-je demander à tante Andréa qu'on aille planter le mien avec un arbre, là-bas ?

ABERLINE

Qu'on y aille ? C'est qui le *on* et qui va où ?

---

[1] Le calebassier (***crescentia cujete)***, de la famille des ***Bignoniacées,*** est un arbre endémique du nord de l'Amérique du Sud et de l'Amérique Centrale, au fruit ligneux. Vidé, il est utilisé comme récipient ou pour fabriquer des objets d'art et décoratifs.

MAUREEN

Ben…elle et moi…pourquoi pas toi aussi ? Tu n'y es jamais retournée…

ABERLINE

Pourquoi voudrais-tu pérenniser cette pratique ? Ce sont de vieilles traditions… sans importance ! Tu nous imagines retourner là-bas ? Aux dernières nouvelles…

MAUREEN

Si on devait croire tout ce qui se raconte dans les nouvelles… Parfois les journalistes ne disent que ce qu'on leur commande de répéter…dans l'intérêt des commanditaires maman… Certains rédigent leurs propres entrevues et les publient sur leurs sites Web sous des pseudonymes…pour faire le *buzz* !

ABERLINE

Tu en sais des choses toi ! Ainsi tu voudrais avoir ton arbre à toi ?

MAUREEN

Pourquoi pas ? Un arbre à moi toute seule… qui serait en quelque sorte mon jumeau, nous serions, lui et moi, liés pour la vie ! Wow ! Ce serait magnifique, maman, imagine. Quand je me rendrais là-bas, je pourrais le toucher, l'embrasser, voire lui parler… comme si je m'adressais à mon double ! Wow !

ABERLINE

Personnellement, je ne vois pas ce que ça peut bien apporter d'intéressant à la vie de quelqu'un…

MAUREEN

Mais, maman, ferme les yeux et imagine un instant que sur la planète entière, non, dans tout l'univers, il existe un arbre, nourri à travers les siècles par mon cordon ombilical, un arbre unique, personnel, c'est comme les empreintes digitales !

ABERLINE

Wow ! Quelle flamme !

MAUREEN

C'est un trait culturel exceptionnel et hors de prix ! Pense au baobab, maman, quel cordon ombilical a fait pousser ça ? Si chaque être humain possédait son propre arbre… personne n'oserait en couper un… et on résoudrait peut-être le problème du déboisement et des changements climatiques…

ABERLINE

Belle théorie, ma chère ! Malheureusement, les Hommes sont moins sensibles que toi à l'avenir de Mère Nature.

MAUREEN

On devient l'arbre, car celui-ci est nous ! C'est plus fort qu'un mariage ça, maman !

ABERLINE

Vu sous cet angle…

MAUREEN

Je veux mon arbre maman ! Je veux mon arbre ombilical dans ton pays d'origine, ici on a besoin d'un permis municipal pour planter ou couper un arbre dans notre propre cour !

ABERLINE

L'arbre du cordon ombilical, c'est le rayon de ta tante Andréa, comme tu l'appelles, ma chérie ! C'est elle qui parle aux arbres.

MAUREEN

Pourquoi Shauna et Yvane seraient-elles les seules à posséder leur arbre ?
(Puis, sur un ton exclamatif)
Écoutez, chers néophytes, c'est une erreur historique à corriger !

ABERLINE

Oh, mon Dieu ! On dirait une actrice sur scène ! Tu prends cette histoire un peu trop au sérieux !

MAUREEN

Oui, maman… il faut une correction drastique à cette situation. Revenons à la veillée…

ABERLINE (secouant la tête)

Le soir de la veillée, Andréa a passé un long moment à faire le va-et-vient entre l'Orme de tante Ana et son gros Mapou … Elle prenait des branches de l'un et les transportait vers l'autre comme pour un échange en tapant sur son tambour… auquel personne n'osait toucher…

MAUREEN

Tante Andréa avait son Mapou en plus d'un tambour ?

ABERLINE

Non, pas exactement. Le Mapou existait bien avant elle, je crois que son cordon ombilical y a été greffé…

MAUREEN

Et le tambour… elle en faisait quoi ?

ABERLINE

Elle tapait dessus à chaque fois qu'elle voulait parler aux ancêtres, disait-on.

MAUREEN

Wow ! C'était comme son téléphone cellulaire, son *Messenger* avec les ancêtres, wow !

ABERLINE

Un peu oui. Ce soir-là, il faisait vraiment sombre et elle ne semblait pas avoir peur.

MAUREEN

Comment avoir peur quand tu es en ligne conférence avec les ancêtres ! Elle avait quel âge environ tante Andréa quand tante Ana est décédée ?

ABERLINE

Environ quinze ans… Elle a toujours été assez spéciale, on va dire… Elle parlait aux arbres, aux feuilles, aux animaux qu'elle appelait par leur nom et qui reconnaissaient sa voix… elle chuchotait à la rivière, à la pluie, elle pouvait même communiquer avec les oiseaux qui lui répondaient !

MAUREEN

Ça, c'est vraiment cool… J'ai des questions à lui poser ! Je veux qu'elle m'enseigne des choses.

ABERLINE

Une fois, elle a même plongé dans la rivière pendant près d'une demi-journée... On la croyait morte... Toute la famille et les voisins étaient sur la berge ne sachant quoi faire... Soudain on l'a vue remonter à la surface... toute souriante, étonnée de les voir tous là, les larmes aux yeux...

MAUREEN

Pardon ? Une demi-journée sous l'eau ? C'est une fiction...

ABERLINE

Moi, je te jure que non ! J'étais assez jeune, mais je me souviens des cris de douleur...

MAUREEN

Là, ça devient trop bizarre...

ABERLINE

Elle disait être allée chercher sa pierre... celle-ci était toute noire... et transparente à la fois... comme l'onyx, je m'en souviens !

MAUREEN

Il faut DÉ-FI-NI-TI-VE-MENT que je lui parle !

ABERLINE

À ta place..., je laisserais les mystères aux mystérieux ! Andréa était choisie.

MAUREEN

Choisie par qui ? Pourquoi ?

ABERLINE

Par les ancêtres, pour garder leurs secrets et transmettre leurs savoirs... C'est ce que les gens disaient.

MAUREEN

Elle serait donc la dépositaire de la mémoire familiale, comme dans le film…*The Giver* ! Je veux tout savoir, je veux qu'elle m'apprenne ces choses-là ! Ce sera moi *the taker* de ma génération !

ABERLINE

Tu n'iras pas toucher à ces histoires-là, Maureen, laisse ça aux adultes… aux indigènes… tu es née ici… !

MAUREEN

Maman, c'est l'héritage de ma famille… Je suis génétiquement le rêve de mes ancêtres depuis la Porte de Gorée… tante Andréa en est la gardienne pour ta génération… Ce sera moi... pour la mienne !

ABERLINE

Andréa… On disait même qu'elle avait averti tante Ana de ne pas aller du côté de la rivière… elle risquait de se faire reprendre son âme…

MAUREEN

Elle pouvait donc prédire les choses… tu vois maman, la connaissance n'a jamais tué personne, l'ignorance, oui ! Moi, je dois savoir, je veux savoir.

ABERLINE

Concentre-toi sur tes études et tu sauras tout ce dont tu as besoin pour te faire une belle vie, une meilleure vie que la mienne !

MAUREEN

On en reparlera, maman. Et ensuite…?

ABERLINE

… Après la veillée…le lendemain, des hommes sont arrivés avec un cercueil qu'ils portaient sur leur tête… Ils dansaient et les femmes pleuraient. On y a mis tante Ana… puis, (extinction de voix et hésitation) on a bâti sa maison... dans la cour… sous son arbre.

MAUREEN

Mais tu dis qu'elle était morte, et maintenant, qu'on lui a construit une maison dans la cour…je ne comprends pas très bien maman… les funérailles ? Le cimetière ?

ABERLINE

En fait c'était sa tombe qu'on appelait ainsi. Tu sais que là-bas, dans certains villages, chaque famille pratique ses propres rites funéraires, possède son cimetière… souvent, sur ses terres !

MAUREEN

Ils ont un cimetière par famille ?

ABERLINE

Presque ! Et c'est même une marque de notoriété. Les tombes sont décorées avec des motifs personnels, des couronnes de fleurs et des mots d'amour… des dates… il y a beaucoup de bleu, de blanc et de vert… on en croisait sur les chemins… On s'y asseyait... on y cueillait même des fleurs.

MAUREEN

Ah bon ! Tu veux dire que les gens vivent à côté de leurs parents décédés, comme ça, ils sont toujours ensemble ! Cool ! Cette proximité avec ceux qu'ils aiment doit être rassurante pour les vivants !

ABERLINE (Hésitation)

Oui… c'est un peu ça… ils ont placé le cercueil de tante Ana dans sa tombe… nous portions des habits neufs ce jour-là… on a beaucoup chanté…

MAUREEN

C'est assez étonnant comme pratique, mais bon… Et ensuite, maman…

ABERLINE

Maman Aline a continué à pleurer… elle allait souvent s'asseoir dehors à côté de la sépulture de tante Ana, elle m'y emmenait aussi parfois… on nettoyait… elle plantait des fleurs et elle pleurait… beaucoup… Tante Ana… c'était ma marraine, je crois…

MAUREEN

Et puis, maman…

ABERLINE

Après quelque temps, on a fait nos valises et le Père est venu… nous chercher en voiture…

MAUREEN

Qui ça nous?

ABERLINE

Maman Aline, Éric, Marylise, Andréa et moi, c'est le Père qui conduisait l'auto…

MAUREEN

C'était qui, le Père?

ABERLINE

Le prêtre ! Il était blanc, celui qui disait la messe tous les dimanches…

MAUREEN
Et puis… Où vous a-t-il conduits ?

ABERLINE
Il est arrivé aux premières lueurs de l'aube, nous avons parcouru une très longue distance. Puis, il nous a déposés à l'aéroport…

MAUREEN
Quel âge avais-tu, maman?

ABERLINE
Environ six ou sept ans… nous portions notre uniforme d'école ce jour-là !

MAUREEN
Continue, maman… j'aime t'entendre raconter ces anecdotes. Tu évoques si rarement tes souvenirs d'enfance…

ABERLINE
Nous avions emporté un peu de linge, des racines pour la fièvre, une bouteille de rhum, du sirop de canne à sucre, de l'huile de palma-christi pour la congestion et de grenadia, pour les soins de nos cheveux, une bouteille d'eau de mer….

MAUREEN
Wow ! J'ai l'impression de regarder un film…

ABERLINE
On avait aussi chacun un petit sac contenant des feuilles provenant de notre arbre ombilical, des

pépins d'oranges, des noix d'amandes séchées de nos terres… une pincée de sable de la source qui serpentait notre plantation. Ce petit sac était attaché à la doublure de nos robes par une épingle en argent. Pour Éric, c'était cousu dans la poche de son pantalon…

MAUREEN

Quelles étaient les raisons de ce drôle de rituel ?

ABERLINE

C'étaient nos remèdes et notre nourriture spirituelle, disait maman Aline…

MAUREEN

Wow ! Vous aviez voyagé avec votre pharmacie personnelle…des graines tirées de vos plantes et du rhum !

ABERLINE

C'est ce que disait maman Aline, en tout cas… on a apporté nos livres d'école… Même Andréa avait eu le droit d'amener son ardoise et son petit tambour !

MAUREEN

Tu n'as rien oublié, maman ! C'est fantastique ! Mais, tu parles si peu de ces choses-là !

ABERLINE

Et… nous sommes arrivés ici. On nous a donné une maison… ou plutôt un très grand appartement… sur trois niveaux avec un sous-sol entier comme salle de jeu…

MAUREEN

À votre arrivée vous aviez déjà un logement à votre disposition ? Quelle chance !

ABERLINE

Oui… et un couple nous a accueillis. La dame était noire et le monsieur, blanc… je pense qu'ils étaient des époux. Ensuite, ils parlaient de tante Ana, maman Aline pleurait encore…

MAUREEN

Pourquoi pleurait-elle ? Les autres parlaient de tante Ana ? Ils la connaissaient, alors…

ABERLINE

Je ne sais trop…, mais je crois bien… j'entendais prononcer son nom en cours de conversation. Maman Aline pleurait sans doute pour sa famille laissée là-bas… pour sa sœur… elle n'arrêtait pas de sangloter …

MAUREEN

Elle avait beaucoup de peine, n'est-ce pas ?

ABERLINE (pensive, le regard fixé au mur)
Oui…Ensuite, nous avons visité nos chambres… c'était très bien décoré et surtout très éclairé ! Il y avait des jouets, des nounours et un gros camion pour Éric…

MAUREEN

Il faut dire que quelqu'un avait pensé à tout !

ABERLINE

Ça, j'en conviens... Nous étions tous très excités ! Les trois ont préparé le souper... le réfrigérateur était déjà bien garni de bonnes choses… la dame a dressé la table… on a mangé ensemble, en silence.

MAUREEN

Et puis…, après le souper maman ?

ABERLINE

Nous avons pris notre bain, maman Aline et le monsieur nous ont accompagnés dans nos chambres à coucher… on avait chacun une pièce bien à nous… c'était la première fois que l'on dormait séparément.

MAUREEN

Ah bon ! Enfin…

ABERLINE

Alors que nous étions couchés, la dame est partie…

MAUREEN

Et le monsieur… ?

ABERLINE

Le monsieur est resté un peu plus tard… maman Aline et lui ont parlé longtemps dans la cuisine… Maman Aline pleurait toujours, le monsieur aussi pleurait. Ils ont ensuite prié ensemble. Je n'avais jamais vu un homme pleurer auparavant, c'est sans doute parce qu'il était blanc… !

MAUREEN

Ah bon ! Il était comment, le monsieur blanc, comme tu l'appelles : jeune, vieux, quel était son nom ? T'en souviens-tu, maman ?

ABERLINE

Oh… il devait s'appeler Herbert ou Hubert… quelque chose du genre, il était assez beau, pas très vieux… Il n'arrêtait pas de me regarder … il avait l'air gentil.

MAUREEN

Ensuite…, est-ce que tu l'avais déjà rencontré avant d'arriver ici ?

ABERLINE

Non ! Je ne pense pas… non…, je m'en souviendrais si cela avait été le cas.

MAUREEN

Et il vous attendait dans la maison à votre arrivée ici ? Et tu n'avais conscience de le connaître ?

ABERLINE

Oui…, je veux dire… non… il nous y attendait, mais j'ignorais tout de lui.

MAUREEN

Tu ne trouves pas ça bizarre, qu'un parfait inconnu vienne accueillir une famille qui immigre ?

ABERLINE

Lorsque j'y repense aujourd'hui, oui… Mais, en ce temps-là, je n'y réfléchissais pas trop… j'étais très jeune.

MAUREEN

Un bénévole d'une organisation caritative… ou peut-être un responsable d'église?

ABERLINE

Sans nul doute… comme les intervenants communautaires d'aujourd'hui. On n'y pense pas souvent, mais les nouveaux arrivants seraient vraiment mal pris ici sans l'accompagnement d'organismes tels… Le Bureau de la Communauté Haïtienne de Montréal, la Maison d'Haïti, le SAEED, le Centre N'a Rive et tous les autres...

MAUREEN

Encore heureux que ces intervenants existent. Ce sont des ressources de première ligne pour les nouvelles familles qui veulent s'établir ici. J'aimerais aller y faire du bénévolat...

ABERLINE

C'est une excellente idée en passant..., cela te servirait d'expérience en milieu interculturel...

MAUREEN

Tu oublies l'école, c'est carrément les Nations Unies ! Maman... revenons à ce monsieur... Je n'arrive toujours pas à croire que ce fut un parfait étranger. L'as-tu revu après le soir de votre arrivée ?

ABERLINE

Il est revenu nous rendre visite quelque fois… par la suite. On ne l'a pas beaucoup revu.

MAUREEN

Maman Aline ne vous a plus reparlé de lui ?

ABERLINE

Non..., je ne crois pas.

MAUREEN

Louche, comme dirait Sol le clown, vraiment louche cette histoire du bon samaritain qui disparaît !

ABERLINE

Non ! Quand j'y repense, il n'a pas totalement disparu… pendant un certain temps… il venait durant la période de Noël… Oui…, il revenait déposer des boîtes remplies de provisions alimentaires et beaucoup de cadeaux… il y avait une carte à tous les coups… il repassait aussi lors de la réouverture des classes pour nous donner des sacs pleins de fournitures scolaires…

MAUREEN

Et,… que disait maman Aline de la carte, des cadeaux et des fournitures ?

ABERLINE

Rien. Elle ouvrait la porte, ils se regardaient longuement en silence. Le monsieur déposait les boîtes. Il lui remettait une enveloppe, maman Aline la prenait, mais ne l'ouvrait jamais avant le soir…

MAUREEN

Intéressant… vraiment intéressant… continue, c'est un beau sujet de polar, maman… (ton dramatique) Quel titre : la carte secrète et l'homme blanc…

ABERLINE

Très drôle, Maureen ! Tu penses que j'affabule ?

MAUREEN

Ce n'est pas ce que je veux dire… Mais, avoue que tout cela est invraisemblable !

ABERLINE

Et pourtant c'est la vérité !

MAUREEN

Et la suite du mystère...

ABERLINE

Le soir..., quand elle nous croyait endormis..., elle reprenait l'enveloppe. Une fois, je l'ai espionnée et je l'ai vue qui la serrait sur son cœur avant de l'ouvrir...

MAUREEN

Est-ce que l'homme blanc jouait le rôle du facteur... la carte venait-elle d'un amoureux ?

ABERLINE

Je ne crois pas..., elle n'a jamais eu d'amoureux, maman Aline.

MAUREEN

Jamais un amoureux depuis... Noé ?

ABERLINE

Non..., elle nous amenait à l'église chaque dimanche, toujours la même. À toutes les fêtes des Saints... aussi. On l'appelait : « la fiancée de Dieu », pour la taquiner !

MAUREEN

Aurait-elle fait un vœu... de... chasteté après avoir eu ses enfants ?

ABERLINE

Je ne peux pas te répondre... elle n'en a jamais parlé. Je sais seulement que le papa des autres a disparu. Il a été arrêté un soir… puis, on ne l'a plus revu… comme des milliers d'autres. Elle l'attendait peut-être… comme toutes les familles qui attendaient… leurs disparus.

MAUREEN

Comment ça ? Les gens disparaissaient ainsi dans la nuit ?

ABERLINE

Eh oui…, c'était la triste réalité… de ceux qui jamais n'ont pu faire le deuil de leurs fils, de leur femme, de leur époux… Ils tuaient même les bébés…

MAUREEN

Ça devait être infernal !

ABERLINE

Encore là, le terme est faible…

MAUREEN

Bizarre… Ces tortionnaires ont-ils été jugés et ont-ils payé pour leurs crimes ?

ABERLINE

Malheureusement, non… le silence des uns… la lâcheté des autres… ainsi perdure l'impunité.

MAUREEN

Revenons à maman Aline, elle a peut-être fait une promesse comme dans les histoires d'amour impossible, je lui demanderai la prochaine fois que je la verrai.

ABERLINE

Bonne chance ! Peut-être que tu parviendras à percer sa coque !

MAUREEN

Mais, pourquoi tout ce mystère ?

ABERLINE

Je n'en sais rien… elle ne parlait pas beaucoup, maman Aline.

MAUREEN

C'est fou, je me sens tellement privilégiée aujourd'hui !

ABERLINE

Il faut croire que c'est un jour spécial...

MAUREEN

Et puis…, raconte… pour la carte !

ABERLINE

On n'a jamais su ce qui y était écrit. On allait dans notre chambre en attendant d'ouvrir nos cadeaux le matin de Noël !

MAUREEN

Chaque enfant avait sa chambre… tu disais…

ABERLINE

Oui…, mais Andréa et maman partageaient encore la leur et continuaient leurs chuchotements la nuit… comme quand on était là-bas !

MAUREEN

Mais, tu sembles jalouse d'elle. Est-ce pour ça ?

ABERLINE (ton méprisant)
Moi, jalouse ? Elle n'est pas sa fille… après tout !

MAUREEN
Mais, tu disais qu'elle était la gardienne de la mémoire des ancêtres, ce n'est pas rien ça, maman !

ABERLINE
Aucune importance ! L'essentiel c'est qu'elle n'est pas la fille de maman Aline !

MAUREEN
Je ne voudrais pas te blesser, mais... te sentirais-tu... disons... différente d'Andréa à cause de ça ?

BERLINE
À chacun sa place...

MAUREEN
Personnellement, je crois que la gardienne de la mémoire a toute son importance dans une famille.

ABERLINE
Pour moi, elle n'en a aucune ! Ces histoires-là et leurs mystères, non plus !

MAUREEN
Maman, je te vois comme un paradoxe, tu sais…
Ton discours traduit un profond détachement envers ta famille. Tu clames que personne ne te parle, personne ne répond à tes questions alors que, d'un autre côté, tu en sais pas mal…

ABERLINE
Je n'en sais rien et ne veux rien savoir.

MAUREEN

J'aime bien cet échange avec toi, j'en sais un peu
plus sur ma famille grâce à toi. Merci, maman !

ABERLINE

C'est leur histoire, pas la mienne !

MAUREEN

C'est aussi la tienne, maman… et la mienne !

ABERLINE

C'est ton opinion !

MAUREEN

Si tu voyais ton reflet dans un miroir… si tu
t'entendais…

ABERLINE

Je me demande ce que j'y verrais, justement …

MAUREEN

Alors, retourne-toi et regarde…

**FIN ACTE 1
SCÈNE 1
NOIR GRADUEL**

ACTE 1
SCÈNE 2

Joël, le mari, entre sur scène. Il se joint à la conversation entre sa femme et sa fille.

JOËL

Aberline, ma chérie…, en pleine conversation avec notre fille… Quel beau tableau !

MAUREEN

Ça n'arrive pas souvent, mais aujourd'hui j'en ai tellement appris, papa !

ABERLINE

On échangeait sur des choses et d'autres…

JOËL

Par exemple ?

MAUREEN

L'enfance de maman… l'arrivée de la famille ici… un mystérieux homme blanc qui aurait disparu de la circulation… ainsi qu'une autre femme, noire, qui les avait accueillis…

JOËL

Tiens, tiens ! C'est le grand jour des confidences !

ABERLINE

Rien de bien important…, ce sont des détails que tout le monde connaît…

JOËL

Tout le monde ? Même moi ?

ABERLINE

Je pense que tu sais à peu près tout de ma famille.

MAUREEN

Papa, en passant, savais-tu que maman est raciste ?
Elle n'aime pas trop… disons… les visages pâles !

ABERLINE

Je ne l'exprimerais pas ainsi, mais… eux non plus
ne nous aiment pas… pas toujours !

JOËL

N'as-tu pas tendance à trop généraliser, ma chérie ?

ABERLINE (ironique)

Je ne fais que leur retourner tout « l'amour » qu'ils
me vouent !

MAUREEN

Maman, pitié ! Tu doutes de l'amour de ta propre
famille !

ABERLINE

Ben quoi ? Et pitié pour qui ?

JOËL

Pour ta sœur Andréa, par exemple… Tu en parles
comme d'une parfaite inconnue !

MAUREEN

C'est ta sœur !

ABERLINE

Ça reste à prouver… regarde-la donc, on n'a rien en
commun !

MAUREEN

Pourquoi n'en parles-tu pas à grand-maman ? Elle t'expliquerait sans doute pourquoi elles sont si proches l'une de l'autre.

ABERLINE

Penses-tu que maman Aline me le dirait maintenant alors qu'elle ne l'avait jamais fait auparavant ?

JOËL

Pourquoi pas ? Il suffirait peut-être de poser des questions précises…

ABERLINE

Personne ne répond à mes questions…, maman Aline encore moins… C'est l'omerta !

MAUREEN

Maman, tu souffres beaucoup je le sais, je le sens, mais c'est un peu par ta faute. Je comprends mieux la dynamique familiale… maintenant que tu m'en as parlé…

ABERLINE

Je crois que je vais tomber malade le jour de ce souper d'anniversaire.

MAUREEN

Encore ? L'an dernier tu avais eu un malaise de dernière minute…

ABERLINE

Je ne suis pas de cette *familia*.

JOËL

Ce n'est pas dans la fuite que tu régleras le problème !

ABERLINE

Quel problème? Ai-je l'air de quelqu'un qui éprouve un quelconque problème, mon chéri ?

MAUREEN

Tu es si transparente, maman, si fragile, si sensible, mais si dure envers toi-même!

JOËL

Berline, donne-toi une chance, donne donc une chance à la vie…

MAUREEN

À nous aussi, papa ! Souvent, je me sens prise au piège de ta douleur que je ne comprends sans doute pas maman. J'ai comme une sensation d'étouffe-ment !

JOËL

Berline, chérie, donne-moi donc une chance de retrouver mon amoureuse !

ABERLINE

Il semblerait que le bien-être collectif se cache entre les paumes de mes mains ?

JOËL

Quand tu te comportes de la sorte, tu nous prives de l'essentiel. Je ne reconnais plus celle que j'ai épousée. Les jeunes aussi ont besoin d'être ensemble, de se rencontrer plus régulièrement.

MAUREEN

Tu as raison, papa ! Moi, je veux être plus souvent avec mes cousins.

ABERLINE

Depuis quand suis-je un obstacle au rapprochement de la nouvelle génération ? Vous m'en mettez trop sur le dos, là !

MAUREEN

La famille, c'est comme un arbre dont nous sommes les branches… Mais tout arbre survit grâce à ses racines…sauf le figuier maudit… Toi aussi, tu as besoin de tes racines, maman. Ça ne sert à rien d'être sans cesse sur la défensive.

ABERLINE

Mes racines ? Je n'en ai aucune ! Vous êtes mes seules racines… Je n'en veux pas d'autres, d'ailleurs !

JOËL

Nous sommes tes branches, mon amour… tes branches… Tu as des souches ! Tu les renies, mais elles existent !

ABERLINE

Tu me diras un jour où les trouver. De mon côté, je te rappelle que je cherche encore l'identité des Haïtiens que se sont battus à Savannah ! À chacun sa quête…

MAUREEN

(se rapproche de sa mère et l'entoure de ses bras)
Maman, s'il te plaît, tu as une généalogie, tu le sais bien ! Laisse-toi vivre un peu.

JOËL (voix tendre, mais impatiente)
C'est la meilleure chose à faire, Aberline ! Fais un effort et réglons cette histoire une fois pour toutes.

MAUREEN
Maman, je vais au centre commercial, j'aimerais bien que tu m'y accompagnes. Tu t'achèterais peut-être… une robe pour le souper de grand-maman…

ABERLINE
Rapporte-moi plutôt un kilo de paix d'esprit… couleur cacao de préférence. Tiens, apporte-moi donc du Chocomax, si je dois me fondre dans la masse…

JOËL
Te fondre… dans quoi ? Aurais-je manqué un épisode de l'histoire ?

ABERLINE
Oui, ta fille m'a conseillée de me fondre comme un œuf dans la pâte à gâteau familial…

JOËL
Excellente idée ! Maureen, tu es inspirée. Bravo, ma belle !

ABERLINE
Tout ce que je veux, c'est ma sainte paix !

JOËL
Ta paix est en toi, ma chérie, tu devrais la cultiver et la répandre autour de toi, tu verrais, tout irait bien mieux.

MAUREEN

On t'aime, maman ! Tout le monde espère te voir ouvrir les portes de ton cœur !

JOËL

Quand tu seras prête à franchir ce pas, je serai là pour toi, tu le sais… Ça fait longtemps que j'attends de retrouver ma femme !

MAUREEN

Et moi, je veux ravoir ma mère ! Nous restons tapis derrière la porte, maman ! Coucou, on a besoin de toi !

ABERLINE

Je n'ai besoin de personne pour être moi-même, pour être heureuse… je suis bien ainsi !

JOËL

Tu ne pourras pas t'isoler éternellement, mon amour… En t'enfermant sur tes idées moroses, tu te prives des saines joies de la vie.

ABERLINE

Les sept milliards d'humains qui peuplent la Terre trouvent leur joie ailleurs que dans la mienne…

JOËL

Nous, on a besoin de toi, mon amour, arrête de fuir sur *ton île Aberline* !

ABERLINE

Je ne suis pas isolée, je me protège de certaines personnes.

MAUREEN

Des personnes comme tante Andréa… ton frère, tes
sœurs…nous…

ABERLINE

Tu reviens avec… cette famille-là… avec Andréa…

JOËL

Dis-moi…, que reproches-tu donc au monde entier
et à Andréa précisément ?

ABERLINE

Elle a volé ma mère ! Et les deux refusent de me
dire où est passé mon autre moitié… Je veux savoir
où est mon…

MAUREEN

Ton père ! Maman…, tu n'oses même pas
prononcer ce mot…

ABERLINE

Exactement…, je me sens comme une moitié de
quelque chose… qui n'a pas d'identité… pas de
nom…

JOËL

Tu es une femme complète, Berline…complète
pour nous, complète pour moi… que veux-tu savoir
au juste ?

ABERLINE

Mon père, où est-il passé celui-là ? L'autre qui a
laissé derrière lui cette peau que j'endosse… depuis
40 ans…, voilà !

MAUREEN

(quittant la pièce en soufflant un baiser du bout des
doigts à sa mère)
Et c'est reparti ! Bon courage, papa ! Je t'aime,
maman !

ABERLINE (à sa fille)
Toi, arrête d'acheter des tas de trucs inutiles que tu
ne porteras jamais… c'est du gaspillage.

(s'adressant à son mari en quittant la scène)
Je monte dans notre chambre… Joël, tu restes seul ?

JOËL
Je te rejoins dans quelques instants, mon amour…

**Et une fois sa femme partie, il monologue à voix
basse, les yeux levés vers le plafond.**

Juste un peu d'humanité… de compassion pour
elle-même… rien qu'un peu !

**FIN ACTE 1
SCÈNE 2
NOIR GRADUEL**

ACTE 1
SCÈNE 3

Les lumières se rallument graduellement sur la scène. Joël est seul. Assis, la tête au creux de ses mains accoudées sur ses genoux. Monologue.

JOËL

Je ne sais plus s'il faut en rire ou en pleurer, c'est pathétique ! Mais, comment quelqu'un peut-il s'enfermer pendant aussi longtemps dans le silence ? Pourtant, il me semble qu'à un certain moment, j'avais enfin retrouvé enfin ma femme...

Il se lève, fait les cent pas, revient s'asseoir et poursuit ses réflexions.

Et moi dans tout ça ? J'ai l'impression de laisser filer de précieuses années de ma vie à essayer de faire comprendre à Aberline que je suis là, que je l'aime. Combien de temps encore, mon Dieu, vais-je attendre qu'elle s'ouvre enfin à la vie..., au bonheur ? Pauvre Maureen ! Elle et moi nous sommes deux naufragés, accrochés l'un à l'autre comme à une bouée de sauvetage ; pendant que le bateau de ma famille sombre, emporté par la tourmente identitaire de ma femme... Mais, il n'y a pas vraiment de tempête, c'est Aberline qui crée l'avarie et nous pousse vers la catastrophe ! Et le pire, elle n'en est même pas consciente. Mon Dieu ! Si elle dit haïr les blancs, pourquoi m'a-t-elle épousé ? Qui suis-je pour elle ? C'est à devenir fou ! Aide-nous donc à trouver une issue! J'aime ma femme, j'aime ma famille !

Il se met debout, fait quelques pas, songeur et finalement, prend son cellulaire, compose un numéro. Il appelle Maman Aline.

JOËL
Bonjour, maman Aline

MAMAN ALINE (voix off)
Bonsoir, mon fils, comment vas-tu ?

JOËL
Moi, je vais bien, maman Aline…

MAMAN ALINE (voix off)
Veux-tu parler à Éric ?

JOËL
Non…, c'est avec toi que je veux m'entretenir, maman Aline.

MAMAN ALINE (voix off)
Ah bon ? Est-ce au sujet du… petit fiancé de Maureen ? Encore cette histoire de couleur de peau avec Aberline ?

JOËL
Non, maman Aline… je voudrais te parler de Berline… elle-même.

MAMAN ALINE (voix off)
Elle ne va pas très bien, hein Joël ?

JOËL
Maman Aline… es-tu très occupée…

MAMAN ALINE (voix off)

Non…, je suis en congé de cuisine… les filles prennent tout en charge pour demain soir !

JOËL
Maman Aline, pourrais-tu prendre un taxi pour me rejoindre ici, s'il te plaît?

MAMAN ALINE (voix off)
Tu m'as l'air assez sérieux… que se passe-t-il encore ?

JOËL
Oui…, ce serait important que tu lui parles... Ça recommence...

MAMAN ALINE (voix off)
Je vois...

JOËL
Peux-tu venir à l'instant même ?

MAMAN ALINE (voix off)
Bien sûr, Joël si tu me dis que c'est important !

JOËL
Elle a eu une conversation avec Maureen… avec moi aussi... Elle a besoin de te parler, je crois…

MAMAN ALINE (voix off)
Tu seras à la maison ?

JOËL
C'est mieux que vous soyez seules…, néanmoins, je ne serai pas très loin...

MAMAN ALINE (voix off)

OK, si tel est ton désir… d'accord, je viens parler à ma fille.

JOËL

Merci encore, maman Aline, je te rembourserai les frais du taxi !

MAMAN ALINE (voix off)

Du calme, jeune homme… je suis encore capable de payer mon transport, voyons ! Je suis aussi concernée.

JOËL

Merci, maman Aline, j'avertis Aberline de ton arrivée.

MAMAN ALINE (voix off)

Parfait ! Je serai là au plus tôt.

Il se déplace vers l'intérieur et revient accompagné de sa femme.

JOËL

Berline, je viens d'appeler maman Aline, elle arrive en taxi dans quelques minutes.

ABERLINE

Pourquoi maman vient-elle ici… aujourd'hui… maintenant ? Quelle en est l'urgence ?

JOËL

Je crois qu'il est urgent que tu lui parles… idéalement… avant demain soir.

ABERLINE

Tu aurais pu m'en avertir, non ?

JOËL

Mais, c'est exactement ce que je fais... De mon côté, je me déplace pour un moment.

ABERLINE

Je vois..., mais je ne comprends pas le but de ton initiative.

JOËL

Aberline, un jour ou l'autre, dans la vie, il faut faire face à la réalité... c'est devenu trop difficile.

ABERLINE

Tu ... je... ne sais pas quoi te dire, Joël Trudel !

JOËL (prenant les mains de sa femme entre les siennes)

Ne me dis rien... parle à ta mère... pose-lui tes questions et tout ira mieux après... Je t'aime !

L'homme quitte la scène, laissant sa femme perplexe, debout.

ABERLINE (elle hésite, fait quelques pas, essayant de le suivre vers la porte)

Joël... attends ! Ne me laisse pas seule...

JOËL

Mon amour, tu as vraiment besoin d'être en tête à tête avec maman Aline.... Seule à seule !

ABERLINE

Mais, pourquoi ne veux-tu pas être là avec moi ? J'ai besoin de toi..., mon chéri.

JOËL

Non…, ce moment est à vous deux, à vous seules.
Tout ira bien ! Ne t'en fais pas !

.

FIN ACTE 1
SCÈNE 3
FERMETURE DES RIDEAUX.

**ACTE 2
SCÈNE 1**

Aberline est seule dans son gazebo. Elle semble nerveuse, elle asperge une plante, puis une autre. Elle attend l'arrivée de sa mère Aline. Finalement, la sonnette de la porte retentit. Elle hésite, dépose son arrosoir, lisse les plis de sa robe, puis va ouvrir. Plusieurs morceaux de tissus traînent sur les séants et jonchent le sol. Maman Aline attend sur le pas de la porte que sa fille l'invite à entrer. Cette dernière, sous le coup de l'émotion, oublie même de saluer sa mère. Maman Aline reste debout. Les mains d'Aberline tremblent. Elle invite enfin sa mère à s'asseoir. Celle-ci avance et dit d'une voix calme :

MAMAN ALINE
Bonsoir Berline…, comment vas-tu ?

ABERLINE
Maman, tu le sais déjà que je ne vais pas bien !

MAMAN ALINE
C'est ce que m'a dit Joël …

ABERLINE
Sans m'en avertir…

MAMAN ALINE
S'il m'a demandé de venir te voir, il doit avoir de bonnes raisons…

ABERLINE
Il aurait quand même pu m'en parler avant…

MAMAN ALINE
(prend place sur la causeuse en osier)
Je sais que le problème est ailleurs… alors, réponds-moi donc…

ABERLINE
Non, maman, non tu ne sais pas, tu ne sais rien de moi !

MAMAN ALINE
Dis-moi alors ce qui ne va pas.

ABERLINE
Maintenant ou depuis toute ma vie ?

MAMAN ALINE
C'est toi qui choisis… je suis là pour t'écouter, ma chérie.

ABERLINE
 Si c'est encore une fois, pour seulement m'écouter déballer mes griefs sans me fournir d'explications, cette conversation, à sens unique, sera de courte durée…

MAMAN ALINE
Je t'ai toujours fourni les réponses nécessaires à tes questions… du moins à toutes celles auxquelles je pouvais répondre…

ABERLINE
Aux plus insignifiantes, oui !

MAMAN ALINE
Alors, dis-moi… Berline…

ABERLINE

Je vais te les poser pour la énième fois…

Elle se déplace et vient s'asseoir à proximité de sa mère sur la causeuse.

ABERLINE

Maman, qui est-il ? Et où se trouve-t-il ?

MAMAN ALINE

Berline…, je ne peux pas…

Aberline se lève d'un bond et va se mettre debout face au mur, tournant le dos à sa mère qui lui parle doucement.

MAMAN ALINE

Ma chérie, je te parle, tu me tournes le dos…

ABERLINE

Tu sais ce que je ressens, maman, dès que je te demande de me parler de moi, tu changes de sujet. J'en ai marre d'être tenue en dehors du secret de ma propre existence !

MAMAN ALINE

Que veux-tu que je te dise… ? Pour le moment je n'ai pas toutes les réponses, Berline.

ABERLINE

Il est mort maman ? Dis-moi… mon père est-il vivant ou mort ?

MAMAN ALINE

Je t'aime beaucoup, Berline… Tu te fais du mal…

ABERLINE

Ne change pas de sujet maman, ton silence n'a que trop duré, cette fois je veux connaître *ma* vérité… Pourquoi mens-tu pour ce Blanc, maman ?

MAMAN ALINE

Ta vérité c'est que tu es une femme magnifique qui se cache alors que tu as un mari formidable et une fille adorable que tu chasses de ta maison, de ta vie. Et je ne mens pour aucun Blanc, Berline.

ABERLINE
(restant délibérément debout face au mur)
Je ne sais même plus où est ma place dans cette famille, dans cette ville, dans ce monde ! Je me sens comme un papillon aux ailes coincées dans sa chrysalide…

MAMAN ALINE

Nous sommes pourtant *ta* famille Berline, tu as ta place dans notre cœur !

ABERLINE
(fait volte-face et vient s'agenouiller
aux pieds de sa mère)
Maman, de grâce, dis-moi enfin où est ce père qui nous a abandonnés ? Aide-moi donc à me débarrasser de ma haine pour cette race, maman !

MAMAN ALINE

Personne ne nous a abandonnés, ma chérie… Et ta haine n'est qu'une carapace pour te protéger d'un ennemi imaginaire.

ABERLINE

Mais, dis-moi, s'il est vivant, pourquoi je ne l'ai jamais vu, à mes anniversaires ou à mes graduations, maman ?

MAMAN ALINE
(caressant le visage de sa fille)
Tu te rends malade et malheureuse pour rien… Saurais-tu dire les absents et les présents à tes graduations alors qu'il y avait plus de cinq cents invités ?

ABERLINE
Pourquoi il n'a jamais cherché à prendre contact avec moi…qui est cette autre personne dont j'ai hérité ce teint pas assez clair pour certains et trop clair pour d'autres ?

MAMAN ALINE
Un être humain c'est beaucoup plus qu'une peau, Berline… tu es une belle personne, une bonne maman, mais tu te tortures…

ABERLINE
(attrapant les pièces de tissus
épars sur les sièges et le sol)
Cette peau m'étouffe, je ne sais plus où est ma place, maman… Regarde, je ne sais même plus comment m'habiller…

MAMAN ALINE
Ta place est auprès de ton mari, de ceux qui t'aiment… de tes amis que tu évites.

ABERLINE (au comble de l'impatience)
Arrête donc de me faire du mal, parle-moi enfin ! Maman... pitié !

MAMAN ALINE
(se lève et commence à ramasser
les morceaux de tissus qui jonchent le sol)
Les choses ne sont pas toujours ce que l'on croit…,
Berline.

ABERLINE
(se met à genoux aux pieds de sa mère)
Qui suis-je maman ?

MAMAN ALINE
(se penchant vers le visage de sa fille et murmurant
comme une berceuse)
Tu es *A-ber-line… A-ber-line, A-ber-line…* mon
bébé, mon amour… ma promesse…

ABERLINE
Je suis seule sur mon île, maman… je ne sais plus
de qui je viens ni où je m'en vais… ma vie n'a
aucun sens.

MAMAN ALINE
(elle se rassoit sur la causeuse, dépose
les pièces de tissus à côté d'elle)
Mais que vas-tu chercher là, ma chérie ? Tu sais très
bien qui tu es ! Nous sommes tous là, mais tu nous
repousses sans raison.

ABERLINE
Sans raison ? Chacun des autres ressemble à
quelqu'un… moi… je suis comme le mouton
albinos !

MAMAN ALINE
Berline…, arrête donc !

ABERLINE
Si tu veux que je mette une fin à tout ça, il faudra avouer, maman !

MAMAN ALINE
Chaque chose à son heure, ça ne sert à rien de courir plus vite que le temps… il finit toujours par nous rattraper…

Aberline se relève et va s'accoter contre le mur puis revient vers sa mère qui à son tour quitte la causeuse. Aberline prend la place laissée par sa mère, recroquevillée sur elle-même, la tête enfuie au creux de ses bras.

ABERLINE (ton défiant)
J'espère qu'avant de mourir tu me diras le nom de ce con de blanc qui t'a dégoûtée de la vie au point de n'avoir jamais été capable d'aimer quelqu'un d'autre, maman Aline !

MAMAN ALINE
On ne peut pas dire que tu manques d'imagination, Berline !

ABERLINE
Au moins ça, je l'ai ! Mais…, tu vois, je ne sais même pas de qui je l'ai héritée !

MAMAN ALINE
Berline, Berline… je t'aime tellement !

ABERLINE
Je suis bien obligée de te croire puisque tu m'as amenée ici et endurée depuis…

MAMAN ALINE
Merci de le reconnaître !

**FIN ACTE 2
SCÈNE 1
NOIR GRADUEL**

ACTE 2
SCÈNE 2

Maureen revient en coup de vent, portant des sacs de magasinage. Elle trouve le salon jonché de tissus et de chaussures de toutes sortes. Sa mère est recroquevillée dans un coin de la causeuse. La jeune fille dépose les sacs sur la chaise longue et se dirige vers sa mère. La femme se jette dans les bras de sa fille et éclate en sanglots.

MAUREEN
Maman, tu es encore dans tes turbans !

Maureen aperçoit alors sa grand-mère, debout à l'autre bout de la pièce.

MAUREEN
Ah, grand-maman … tu es ici ?

GRAND-MAMAN ALINE
Oui, je suis venue faire un petit tour... ton père...m'avait appelée.

ABERLINE (interrompant délibérément sa mère)
Mon Dieu, que vais-je porter ? Regarde... toutes des vieilleries inutiles …

MAUREEN
Tu n'as vraiment rien trouvé dans ta garde-robe qui pourtant ferait rêver les plus grandes dames de cette ville, maman... voyons !

ABERLINE

Constate-le toi-même… j'ai pris plusieurs kilos… rien ne me va plus !

MAUREEN

Là, maman… je t'arrête tout de suite… je m'étonne toujours que tu puisses encore porter des robes qui datent du temps où j'étais bébé… tu n'as même pas pris deux kilos en 16 ans… Où est papa ? Grand-maman, tu disais que papa…

ABERLINE
(interrompant sa fille une fois de plus)
Ah, tu vois… tu avoues que je ne possède que de vieux vêtements démodés…

MAUREEN

Jamais ! Je disais, au contraire, que tu as su garder ta taille de jeune fille, maman… c'est un compliment, ça… C'est le corps qui met la robe en valeur et non l'opposé…

GRAND-MAMAN ALINE

Ton père m'avait appelée… il voulait que je débatte d'un sujet bien particulier avec ta maman…

MAUREEN

Ah ! O.K… et de quoi aviez-vous discuté ?

GRAND-MAMAN ALINE

De choses et d'autres…

ABERLINE

De la fête demain soir… La mode change… et moi aussi je devrais suivre…, il me semble. Je n'ai rien à me mettre sur le dos !

MAUREEN

Au contraire, maman… avec ta façon de t'habiller, de porter tes costumes traditionnels africains, ton art de marier les tissus et les couleurs pour en créer de nouvelles combinaisons, on a l'impression que tu possèdes 365 robes, une pour chaque jour de l'année…

ABERLINE

C'est bien dit, ce n'est qu'une impression, chérie…

MAUREEN

Justement, c'est ce que je trouve magnifique !

ABERLINE

Justement… c'est ce qui me dérange… ces jours-ci, je manque de créativité…

MAUREEN

Venant de toi, qui es capable de nous sortir un incroyable turban même à partir de n'importe quel vieux pantalon… tu m'inquiètes… vraiment !

ABERLINE

Vois…, ma cocotte, je suis en mal d'inspiration ces jours-ci… définitivement j'aurais dû t'accompagner au centre commercial… je n'ai rien de bon ici !

Aberline bouge un peu de sa position initiale (recroquevillée) s'empare et examine minutieusement chaque morceau de tissu qu'elle étale en le lançant devant elle sur le plancher.

ABERLINE

Rien… celui-ci… non… regarde ça… démodé…, ça… défraîchi, foutu… Définitivement, ça s'annonce mal pour moi, cette histoire de fête familiale…

MAMAN ALINE

Bon ! Moi, je pense que je vais appeler un taxi… Maureen… peux-tu… ?

MAUREEN

Bien sûr, grand-maman ! Mon Dieu, je viens de remarquer que tu ne portes maintenant que des couleurs sombres… De temps à autre, procure-toi donc quelque chose de plus printanier, s'il te plaît, maman.

GRAND-MAMAN ALINE

Quelle douleur ! Tu t'habilles comme *madame Tristesse.*

ABERLINE

C'est la couleur de mes émotions… les teintes vives me dérangent.

MAUREEN

On dirait que tu ne t'aimes pas…

Elle compose le numéro du taxi sur son cellulaire en faisant un geste de la main demandant aux autres de se taire.

MAUREEN

Oui, je voudrais avoir un taxi au 33, Croissant des œillères s'il vous plaît… merci ! Grand-maman, ton taxi est en route…

GRAND-MAMAN ALINE

Merci, ma grande !

MAUREEN
Tu n'aimes vraiment pas ton apparence, maman ?

ABERLINE
Non, tu te trompes ! Ce n'est pas mon corps que je déteste… c'est plutôt son enveloppe qui me coince.

Le taxi arrive entretemps. La grand-mère se dirige vers sa fille Aberline, celle-ci esquisse un mouvement de recul pour éviter tout contact avec sa mère. Cette dernière, dépitée, quitte la scène après une courte hésitation.

GRAND-MAMAN ALINE
(embrasse Maureen)
Bonne journée, quand même, Berline ! À demain !

MAUREEN (chuchotant à sa mère)
Pourquoi l'as-tu repoussée, maman ?

ABERLINE
Elle ignore mes questions depuis la nuit des temps…, alors !

MAUREEN
Les yeux de ma mère sont obstrués par un voile… comme la grisaille de ces morceaux de tissus… comme tous ces turbans avec lesquels tu caches continuellement tes beaux cheveux… tu ne les aimes pas non plus, tes cheveux?

ABERLINE
Ils font partie de l'ensemble qui m'accable.

MAUREEN (prenant un morceau de tissu)

Laisse-moi essayer d'en enrouler un autour de ma tête… comme tu le fais si bien…

Maureen essaye de tourner la longue pièce de tissu autour de sa tête, sans succès, car celle-ci s'emmêle entre ses doigts.

ABERLINE
On a besoin d'aide, il me semble…

Aberline se lève et se rapproche pour aider la jeune fille à nouer le foulard.

MAUREEN
Visiblement… ! Comment fais-tu pour obtenir un modèle différent à chaque fois, maman ?

ABERLINE
À la vérité, je n'en sais rien ! Je n'ai jamais pu réussir le même modèle deux fois de suite.

MAUREEN
Tu veux dire… que tu n'as pas un prototype prédéfini… une idée du résultat... quand tu commences à les nouer ?

ABERLINE
Exactement ! Et c'est toute la beauté de la chose… Une minute avant que j'en termine un, je n'ai aucune idée de ce que sera le look final !

MAUREEN
Génial !

ABERLINE
Secret de femme… voilée !

Soudain, Aberline se déplace et se dirige en silence vers un coin de la pièce, elle pose son front contre les carreaux vitrés de la fenêtre. La jeune fille la suit. Elle entoure de ses bras la taille de sa mère, dépose sa tête sur le dos de celle-ci et la berce. Elle passe ses mains sur le turban qui retient les cheveux de la femme. Le turban glisse sur le sol, laissant s'étaler une magnifique chevelure ondulée. Aberline a un sursaut, elle ramasse nerveusement le turban qu'elle enroule maladroitement sur ses cheveux comme si elle avait hâte de les cacher à nouveau. Quelques mèches s'en échappent.

MAUREEN

Que tentes-tu de dissimuler, maman?

ABERLINE

Moi, rien... rien, qui ne m'irrite personnellement, en tout cas.

.

MAUREEN

Pourquoi caches-tu ton corps, tes cheveux... tes magnifiques cheveux que j'envie d'ailleurs, maman ? Sais-tu combien les gens sont prêts à payer pour avoir une telle crinière ? Regarde ma tignasse... toute mince et bouclée en plus !

ABERLINE

Pauvre toi ! Tu ne fais que répéter ce que tu entends...

MAUREEN

Que veux-tu dire? Tu es une belle femme maman, tu as des cheveux superbes !

ABERLINE
Chacun définit ses critères de beauté…

MAUREEN
Maman…, me trouves-tu belle, moi ?

ABERLINE
Bien sûr ! Quelle question ? Tu es même très belle… tu ressembles... à ton père ! Peut-être... pas assez...

MAUREEN
Je m'attendais à cette réplique… comme ça, je n'ai rien hérité de toi…

ABERLINE (se déplace et s'éloigne de sa fille)
Je n'ai rien affirmé de tel.

MAUREEN
J'aurais dû ressembler plus à mon père ? C'est ce que tu veux dire maman ?

ABERLINE (voix impatiente)
Je n'ai pas dit cela !

MAUREEN
Et qu'as-tu dit maman?

ABERLINE
(réajustant son turban pour cacher les mèches qui s'en échappaient toujours)
J'ai dit que tu es belle, que tu ressembles à ton père, c'est tout…

MAUREEN

Et si moi j'affirmais que je suis belle... parce que je ressemble beaucoup plus à ma mère... qu'en penserais-tu ?

ABERLINE

Je ne sais pas...je n'en penserais... rien du tout ! Tu aurais dû...

MAUREEN

Quoi, maman ?

ABERLINE

Ressembler beaucoup plus à ton père...

MAUREEN

Tu le répètes maman ! Pourquoi voudrais-tu que ce soit le cas ?

ABERLINE

Pour rien... Arrête de me poser des questions...

MAUREEN

Tiens, tiens... Voilà que toi aussi tu refuses de répondre à mes questions... Serait-ce génétique... Tu reproches la même chose... à grand-maman Aline. Toi... tu réponds quand tu le veux bien !

ABERLINE

Elle c'est un mur... pour moi..., mais elle parle à ses autres enfants...

MAUREEN

C'est ce que je me disais..., maman !

ABERLINE

Tu te disais quoi Maureen ?

MAUREEN

Pourquoi n'as-tu pas eu d'autres enfants ? J'aurais aimé avoir un frère ou une sœur …

ABERLINE (ton irrité)

Il ne fallait pas… j'en étais incapable…

MAUREEN

Pourquoi ?

ABERLINE (hésitante)

Raisons médicales...

MAUREEN

Est-ce que papa, lui, désirait une longue lignée ?

ABERLINE

Heureusement qu'il n'avait pas le monopole de la décision…

MAUREEN

Maman, tu n'aimes pas les blancs, mais tu en as marié un… Tu voudrais, cependant, que je ressemble plus à mon père… donc… par déduction, tu aurais aimé que je sois plus… blanche ? N'est-ce pas contradictoire ?

ABERLINE

Je n'ai pas dit cela !

MAUREEN

Alors, qu'as-tu dit ? Je suis complètement perdue, moi…

ABERLINE

Que vas-tu imaginer ?

MAUREEN

Je n'imagine rien ! Je réfléchis et j'essaie de comprendre. Je dois en parler à papa ! C'est très sérieux comme problématique.

ABERLINE

Quand tu auras grandi, tu comprendras que parfois la vie elle-même est surprenante voire contradictoire...

MAUREEN

J'essaie d'imaginer pourquoi quelqu'un qui se dit allergique aux poils se rend dans une animalerie et ramène un chien et trois chats à la maison.

ABERLINE

Ce quelqu'un semble... délibérément...

MAUREEN

Masochiste, voire suicidaire peut-être...

ABERLINE

Je n'irais pas jusque-là.

MAUREEN

Très... très... très complexe comme situation.

ABERLINE

Pourtant, assez simple.

MAUREEN

Ainsi... tu trouves que si j'étais plus... disons plus claire de peau... je serais plus belle à tes yeux ?

ABERLINE

Tu aurais moins de difficulté que moi au sein de cette société... tu te fondrais dans la majorité non racisée...

MAUREEN

Les temps ont changé, maman...

ABERLINE

Illusion... maintenant c'est plus diffus mais systémique... donc, plus grave !

MAUREEN

Maman, tu es profondément blessée.

ABERLINE

Encore plus profondément que tu ne saurais l'imaginer... J'aime faire du théâtre, j'ai étudié en cinéma... j'aime les plateaux de tournage... et j'ai du talent... Qu'en fait-on ?

MAUREEN

Mais c'est toi qui as décidé de ne plus passer d'auditions !

ABERLINE

Ça ma fille, c'est la légende urbaine... l'arbre qui cache la forêt...

MAUREEN

C'est à dire ?

ABERLINE

Où sont donc passés les acteurs non caucasiens, ceux qui jouaient des rôles d'adolescents, de père et de mère de famille dans les téléséries d'il y a trente ans ?

MAUREEN

Tu en as connus toi... des acteurs issus de la diversité qui étaient présents sur les écrans d'ici ? J'avoue que je n'en vois pas beaucoup... sauf à de rares occasions.

ABERLINE

Oui, il y en avait..., mais tranquillement, ils ont été relégués aux oubliettes... alors qu'ils auraient pu transiter d'une génération à une autre dans des rôles différents... Où sont passés les France Zobda, Mireille, Henry, Didier, Néfertari et les autres ? Ils ont disparu des radars cinématographiques... je veux dire que l'adolescent aurait pu devenir un père... la mère, une grand-mère... comme dans les familles normales... Ils le font avec *leurs* comédiens et acteurs. Ces derniers passent d'un rôle à un autre, d'une série à une autre voire de la télé à la radio dans un jeu de recyclage qui frise la masturbation... On voit et revoit les mêmes faces... *botoxées* jusqu'aux orbites !

MAUREEN

Mais, qui sont les auteurs de ces contenus qui écartent les acteurs issus des minorités dites ethniques, maman ?

ABERLINE (rire nerveux)

Là est la question à mille dollars ! Qui raconte l'histoire de qui... On entend et on voit encore et encore les Contes du Bas-du-Fleuve... des années 30.

MAUREEN

Ben..., réponds-moi maman ? Pourquoi les acteurs issus de la diversité ne vieillissent pas sur les écrans comme tous les autres ? Qui écrit les contenus ?

ABERLINE

Les mêmes...ceux qui détiennent les cordons de la bourse, malheureusement... De temps en temps ils laissent tomber quelques miettes... ils embauchent un *échantillon ethnique* pour l'admissibilité aux quotas des demandes de subventions... Mais généralement, les rôles tournent autour des stéréotypes : Noirs, Latinos, Italiens, Arabes, Africains, Asiatiques avec les comportements et caractéristiques sociaux prédéfinis... On ne sait trop comment, mais des faits culturels imaginés et grossis sont ainsi transcrits de contenus en contenus ad vitam æternam...

MAUREEN

Mais c'est à vous de changer cela ! Ou bien, nous de ma génération, on va s'en occuper car on existe ! On ne va plus laisser les vieux avec leur mentalité rétrograde nous définir ou parler en notre nom ! Nous sommes nés ici, nous sommes peut-être différents physiquement, mais nous sommes d'ici !

ABELINE

C'est une vérité difficile à accepter pour certains...

MAUREEN

Pourtant il le faudra... tôt ou tard. Et le plus tôt sera le mieux pour tous !

Aberline pousse un profond soupir et revient vers le sofa, attrape un grand morceau de tissu et l'enroule autour de son épaule en essayant d'en

faire une robe. La mère se tourne et se retourne en esquissant quelques pas de danse sous le regard amusé de sa fille.

MAUREEN

C'est ainsi que j'aime te voir, maman !

Joël, le père qui s'était retiré avant l'arrivée de Grand-maman Aline, rentre à nouveau en scène.

JOËL

Tu es très belle, ma femme !

ABERLINE

Merci..., mon mari !

JOËL

Fais donc ça plus souvent…

ABERLINE

Quoi ? Faire quoi plus souvent ?

JOËL

Souris… danse… relaxe-toi ! Tu es si belle quand tu souris !

MAUREEN

C'est ce que je me disais aussi !

ABERLINE

Ce sont les occasions qui me manquent, on dirait… c'est drôle, je souris aujourd'hui, va donc savoir pourquoi, alors que je vis un dilemme.

JOËL

Quel dilemme ? Nous sommes à la veille d'un jour spécial, non?

ABERLINE

Spécial pour qui ? Je déteste les obligations.

JOËL

Aberline, peux-tu t'accorder une trêve de 24 heures, s'il te plaît ?

ABERLINE

24 heures dans ma vie… c'est une éternité, mon ami !

JOËL

Je le sais, 24 heures sans tourner le couteau dans la plaie… C'est long, mais ça te ferait tellement de bien… ça « nous » ferait vraiment du bien !

MAUREEN (fait un geste de révérence)

Hummmm… et c'est à ce moment-ci du film que la fille dit : il est temps de me déplacer, car certains ont un urgent besoin de se parler… En passant, papa, aurais-tu été heureux d'avoir une grande famille ?

JOËL

Oui…, mais tu sais… maman ne l'a pas eu facile… la grossesse… l'accouchement par césarienne, etc.

MAUREEN

Il me semble qu'une césarienne c'est moins douloureux...

ABERLINE

Qu'en sais-tu toi ! C'est surtout très long à guérir...

MAUREEN

Était-ce la seule raison… maman ?

JOËL

Il me semble… que oui… !

MAUREEN

Envisageais-tu d'autres enfants de ton côté, papa ? Et ça daterait de quand ?

JOËL

Demande à maman…

MAUREEN

Il paraît que je ressemble un peu trop à maman et pas assez… à toi… Je suis donc moins belle…

JOËL

C'est un nouveau discours ça ?

ABERLINE
(baissant la tête et détournant le regard)
Hum !

MAUREEN

Bye… bonne discussion !

JOËL

J'aime tellement ma fille…, Berline, je t'aime si fort, toi, j'aime tant ma petite famille… Fais un effort…

ABERLINE

Mais, c'est parfait pour toi ainsi !

JOËL

Si 24 heures de trêve te semblent une éternité… alors, offre-toi donc une petite éternité de bonheur…

ABERLINE
Le bonheur…, le même rêve qui hante mon sommeil, nuit après nuit.

JOËL (se rapprochant de sa femme)
Invite-moi donc dans tes rêves, on ne sait jamais…

ABERLINE
Il est déconseillé d'entraîner les gens qu'on aime dans les avenues sombres de notre vie.

JOËL
Ça fait si longtemps que tu ne m'as dit que tu m'aimes… Je suis en attente de ma femme que... même la suivre dans les plus lugubres ruelles de ses rêves me serait un délice !

ABERLINE
Certains rêves se vivent en solitaire..., car ils deviennent des cauchemars pour des « intrus » qui osent s'y aventurer.

JOËL
Essaie donc de m'ouvrir la porte de ton monde que tu as fermée je ne sais plus depuis combien de temps… Berline, nous sommes là, ta fille et moi !

ABERLINE
Je sais, mais, je n'ai nulle envie de t'entraîner dans mon sillage rocailleux.

JOËL

(essayant de débarrasser Aberline du tissu avec
lequel elle s'était enveloppée)
Erreur, ma chérie, je souhaite… je désire même que
tu m'y invites.

ABERLINE

Quoi ?

JOËL

Berline…, je n'ai pas oublié la merveilleuse amante
que tu es, la tendre amoureuse que j'ai tenue dans
mes bras… On n'atteint pas le septième ciel en
solitaire, tu sais…

ABERLINE

Moi, j'ai les pieds bien ancrés dans le béton, si tu
veux le savoir… et je m'y enfonce tranquillement…

JOËL (prenant sa femme dans ses bras)
Raison de plus pour lâcher prise… trop souvent tu
me laisses à peine le temps d'atteindre le seuil de la
porte, Berline…, *please* !

ABERLINE (se libérant de l'étreinte de son mari
d'un geste brusque)
Pour ceux qui n'ont pas l'habitude de la solitude,
c'est difficile, en effet.

JOËL (se déplace et laisse sa femme songeuse)
C'est encore plus difficile pour ceux qui continuent
à aimer quand même, Aberline. Aurais-tu vraiment
discuté avec Maureen sur le fait qu'elle soit fille
unique ?

**Aberline pousse un soupir de lassitude. Sur son
visage se lit une grande inquiétude. Soudain, elle**

est pliée en deux par une vive douleur et se met à tousser.

JOËL

Tu te sens mal, mon amour?

ABERLINE

Je crois que je vais tomber malade !

JOËL

La solution n'est pas dans la fuite, tu sais ! Attention aux maladies psychosomatiques…

ABERLINE

Merci de me comprendre et de m'accorder ta confiance, Joël Trudel !

JOËL

Veux-tu arrêter ce petit manège qui me donne le vertige ? Aurions-nous pu avoir un autre enfant, Berline ?

ABERLINE

Chanceux, rien qu'un vertige ? Moi, j'ai le crâne qui éclate, rien qu'à y penser !

JOËL

Tu n'as pas répondu à ma question, Berline...

ABERLINE (tournant en rond, nerveuse)
Que sais-je ? Je ne suis ni Dieu le père ni Artémis !

JOËL

Arrête de tourner autour du pot ! Réponds-moi, enfin !

ABERLINE

Tu vois, je fais comme ma mère... je me tais ! Ma mère..., ah ! L'anniversaire de ma mère... Rien qu'à y penser... je me sens mal.

JOËL

Je vois..., la réponse à ma question, ce n'est pas pour aujourd'hui... Pourquoi es-tu aussi nerveuse à l'idée de cette fête ?

ABERLINE

Qui parle de fête ?

JOËL (pointant du doigt l'étalage de tissus sur le sofa et le plancher)

Ah ! Je croyais que c'était la raison de ta nervosité et de tout ça...

ABERLINE

Joël, tu sais bien que je n'aime pas ces bains de foule !

JOËL

Bains de foule? Mais, c'est l'anniversaire de ta mère ! Tu seras en compagnie de ta famille !

ABERLINE

Je n'aime pas... je n'aime pas être avec eux... ils ne m'aiment pas !

JOËL

Chérie, tu parles des tiens..., de ta famille !

ABERLINE

Tu connais ma famille, toi ? Tu me la présenteras un jour !

 JOËL

Non, ne recommence pas, s'il te plaît, tu te fais du mal, tu me fais du mal.

ABERLINE

Sais-tu au moins ce que cela signifie « avoir mal » ?

JOËL

Oh, oui ! J'en connais un brin ! Et de la belle manière en plus ! Quand ma propre femme déclare détester une race qui est aussi mienne…

ABERLINE

Quand as-tu pleuré pour la dernière fois, Joël ?

JOËL

Mon amour, les larmes ne sont pas les signes exclusifs de détresse ni de souffrance… Maureen et moi partageons aussi ta douleur au quotidien.

ABERLINE

Tu m'en diras tant ! Qu'en savez-vous… tous les deux ?

JOËL

Je suis ton mari, ne l'oublie pas… bien que je ne sois pas convié à partager tes rêves… je suis un témoin silencieux et impuissant de tes cauchemars… Sais-tu qu'il t'arrive de te débattre dans ton sommeil ?

ABERLINE

Je me bats sans doute avec tous ces hypocrites qui se partagent des secrets…

(elle porte ses mains à son cœur encore une fois)

S'il te plaît, appelle Maureen !

Joël se déplace et s'exécute. Aberline en profite pour s'enfoncer un doigt dans la gorge et se force à vomir. Joël revient avec leur fille, visiblement inquiète. Aberline se met effectivement à dégueuler sur le plancher.

MAUREEN (tenant les mains de sa mère)
Maman, ça va ?

ABERLINE
Je ne le dirais pas…, non.

JOËL
Viens, mon amour, assieds-toi…

ABERLINE
Je me sens mal… J'ai des crampes au ventre.

MAUREEN
Oh, non ! Ça tombe mal ! J'ai rendez-vous avec…
Shauna, Jimmy… et…

ABERLINE
Tu vois, je passe après tout le monde…

MAUREEN
Maman, c'est faux, tu le sais !

ABERLINE
Mais, tu ne t'inquiètes même pas de mon malaise.

MAUREEN

Bien sûr, ça me touche maman, mais c'est difficile pour moi aussi… On a rendez-vous pour un *chilling* à la *Tanière*!

ABERLINE

Ah bon ! Ça ne paraît pas que je sois vraiment souffrante… Ta sortie pourrait attendre, non ? Avec qui d'autre seras-tu ? Et tu comptes rentrer vers quelle heure ?

MAUREEN

Viens, repose-toi un peu, maman…Papa, fais quelque chose…

ABERLINE

Laisse ton père en dehors de ça… qui d'autre fera partie de ton groupe ce soir ?

MAUREEN

Je serai avec les cousins et un ami, maman ! Je reviendrai vers onze heures.

JOËL

Peut-être que je suis concerné par ce qui arrive… Maureen est une fille sage et responsable, il n'y a pas de quoi s'inquiéter…

ABERLINE

Je veux savoir qui d'autre les accompagnera…

JOËL
(voulant définitivement changer de sujet)
Elle te l'a dit, ils seront entre amis. Je pense que tu devrais aller t'allonger un peu… pour être en forme demain.

ABERLINE (pointant du doigt le plancher)
Regarde, toutes mes robes sont gâchées... Je n'ai plus rien de valable à porter demain... et c'est dimanche de surcroît !

MAUREEN
Tu as certainement des réserves dans tes armoires, maman... je ne suis guère inquiète pour toi.

JOËL
Moi, si..., je suis vraiment inquiet... ça c'est de mauvais augure pour le souper de maman Aline.

ABERLINE
Dis-le donc, que je fais exprès de tomber malade pour ne pas y aller.

JOËL
Ah bon ! Je l'ignorais.

MAUREEN
Maman..., personne n'a porté d'accusations contre toi...

ABERLINE
C'est tout comme ! Vous complotez dans mon dos !

MAUREEN
Comme tu dis, papa, ça n'augure rien de bon...

ABERLINE
Vous ne voyez vraiment pas que je me sens mal... j'espère que d'ici demain, ça ira mieux...

JOËL

Nous aussi, Berline… nous aussi… on espère que demain tu pèteras le feu…

MAUREEN

Grand-maman Aline n'aimera pas ça… en plus de la discussion qu'elles ont eue…
Maureen et son père échangent un regard complice. Aberline joue les offusquées.

ABERLINE

Pourquoi me regardez-vous ainsi ? Si je ne peux pas y aller, tu accompagneras ton père.

MAUREEN

Tu me fais penser à un enfant qui refuse de se rendre à l'école parce qu'il n'a pas fait ses devoirs, maman !

JOËL

Tu m'enlèves les mots de la bouche ! Aide-nous à nettoyer le plancher Maureen…

ABERLINE

Du n'importe quoi !

JOËL
(quittant la scène avec sa femme)
Viens mon amour… suis-moi.

**FIN ACTE 2
SCÈNE 2
NOIR GRADUEL**

ACTE 2
SCÈNE 3

Maureen est seule, elle termine le nettoyage du plancher avec une serpillère et un seau. Son cellulaire sonne. Elle y répond. C'est sa tante Marylise. Maureen en profite pour lui faire part de la maladie soudaine de sa mère Aberline.

MAUREEN
Bonjour, tante Marylise !

MARYLISE (voix off riant au téléphone)
Oui, jeune fille, on est prêt pour demain ?

MAUREEN
Ouais..., mais... je veux dire non... parce que… maman ne se porte pas trop bien.

MARYLISE (voix off)
Ta maman… quoi encore, Maureen ?

MAUREEN
Elle est tombée malade… elle a vomi…

MARYLISE (voix off)
Comment ça, tombée malade ? Elle est malade ou elle est tombée ?

MAUREEN
Elle s'est sentie mal, elle a vomi, tante Marylise, c'est inquiétant !

MARYLISE (voix off)
Tu peux le dire ! Et où est papa ?

MAUREEN

Il est à son chevet... et maman croit qu'elle...

MARYLISE (voix off)

… Elle ne viendra pas au souper demain, c'est ça ?

MAUREEN (un peu gênée)

À peu près oui...

MARYLISE

Cette année encore ? Mais, c'est désespérant à la fin.

Du fond de la scène, Joël appelle Maureen et revient accompagné de sa femme. La jeune fille s'éloigne un peu pour terminer la conversation avec sa tante.

MAUREEN

J'arrive papa ! Tante Marylise, je voulais seulement t'avertir… je te rappelle s'il y a du nouveau.

MARYLISE (voix off)

Parfait, ma chouette ! Au pire, appelle-moi sur mon cellulaire. Sors-tu avec les jeunes ce soir, toi?

MAUREEN

Oui, on se rencontre à la *Tanière*.

MARYLISE (voix off)

À quelle heure comptez-vous partir ?

MAUREEN

Nous avons rendez-vous vers 16 heures, Mitch vient me chercher et on va souper chez tante Andréa.

MARYLISE (voix off)
Parfait, ma belle !

MAUREEN
Mais, pour demain, je ne sais pas. Cela va dépendre de l'état de santé de maman.

MARYLISE (voix off)
C'est ça, on s'en reparle !

MAUREEN
Bye, tante Marylise !

Puis, une fois le cellulaire fermé, Maureen ajoute en murmurant :

Le monde entier est suspendu à l'humeur de maman. Mon Dieu ! Pitié !

La jeune fille rejoint ses parents, tenant le seau et la serpillère en main. Elle s'adresse à sa mère.

MAUREEN
Maman…, ça va mieux ?

ABERLINE
À qui parlais-tu au téléphone, Maureen ?

MAUREEN
À tante Marylise…

ABERLINE
Et de quoi parlais-tu avec « *TA* » tante ? Puis-je le savoir ?

MAUREEN

Euh… de ma sortie de ce soir… avec les cousins, maman !

JOËL

Merci de ton aide ma belle. Que se passe-t-il encore, Berline… calme-toi…

MAUREEN

On a aussi parlé de la fête de grand-maman… de toi qui vas mal… encore cette année…

ABERLINE

Je le savais ! Je le savais… c'est encore moi la coupable !

JOËL

Mais non…, demain tu te sentiras mieux et tu iras au souper, n'est-ce-pas, Berline…?

ABERLINE

Comment veux-tu que je sache comment je me sentirai demain ?

MAUREEN

Et vlan pour la fête de grand-maman !

JOËL

Maureen, si maman ne se porte pas mieux demain… tu iras toute seule.

ABERLINE

Non, Joël, si je ne me sens pas mieux, tu l'y accompagneras !

JOËL

Comment veux-tu que j'aille à la fête de « *ta* » mère sans toi ! Non, pas question !

MAUREEN

Turlututu… Ça s'annonce mal !

JOËL

C'est le cas de le dire, viens donc t'allonger dans ton lit, ma chérie.

MAUREEN

Vas-y maman, on va prendre soin de toi, tu auras *toute* notre attention !

JOËL

Maureen !

MAUREEN

Ben quoi, elle aura toute mon attention jusqu'à 16 heures au moins, ensuite… tu prendras la relève, papa !

ABERLINE

Maureen ose me dire que je feins d'être malade comme un enfant qui veut faire l'école buisson-nière et tu ne dis rien, Joël !

JOËL

Si tu étais malade comme un enfant, ma chérie, tu ferais de la température…, une forte fièvre.

ABERLINE

Je me moque de ce que vous pensez, tous les deux ! Maureen, rappelle ta tante et dis lui que je serai absente de cette fête. La question est réglée !

Maureen pousse un soupir de découragement.

JOËL (un sourire ironique)
Tu vois, ce sont les conséquences de tes pensées moroses… c'est ça la vérité. Fais attention à l'autosuggestion !

ABERLINE
C'est une obligation d'y aller alors que je ne me sens pas bien ?

JOËL
Honnêtement, oui ! C'est même un devoir !

ABERLINE
Un devoir ! De mieux en mieux ! Et si j'y vais et que ma santé se détériore ?

JOËL
Au moins, tu auras fait un acte de présence… maman Aline sera contente ! J'ai entendu dire que cette année elle nous réserve une grande surprise…

MAUREEN
J'ai hâte de savoir de quoi il s'agit.

ABERLINE
Quel genre de surprise ?

JOËL
Si on le savait d'avance ce n'en serait plus une ! Attends donc voir !

MAUREEN
(se déplaçant vers le fond de la pièce)
Si vous avez besoin de moi….

ABERLINE

C'est ça…, va te préparer pour ta sortie avec on ne sait trop qui !

MAUREEN

Maman, je suis une fille sage… contrairement à d'autres !

JOËL

Vas-y, ma chérie, je suis là avec maman !

ABERLINE

C'est bien ! Laisse-la donc te mener par le bout du nez ! Fais attention à ce petit blanc-bec, Joël !

MAUREEN (quittant la scène)

Regarde papa… il est blanc... et il est encore là malgré tout…

ABERLINE

Je te parle pour ton bien…

JOËL (s'adressant sa fille)

Vas-y, ma chérie…

ABERLINE

Je trouve que tu ne la protèges pas assez, Joël Trudel !

JOËL

La protéger… de quoi ? De vivre son âge ? Non merci !

ABERLINE

Tu le regretteras une fois qu'elle se fera embarquer dans toutes sortes d'histoires…

JOËL

On dirait que tu invoques les dieux du malheur sur nous ! Si tu n'arrêtes pas, ils finiront par te prendre au mot…

ABERLINE

Continue à ignorer mes avertissements ! Ces gens-là sont impitoyables !

JOËL

Berline…, revenons à ta famille pendant qu'on y est et puisque je sais… disons… puisque nous savons que le véritable problème est ta rencontre avec ton frère et tes sœurs, spécialement Andréa. Voudrais-tu m'expliquer un peu plus… veux-tu… m'en parler s'il te plaît?

ABERLINE (sur la défensive)
Que veux-tu savoir que tu ne saches déjà ?

JOËL

Que reproches-tu donc à Andréa ? Personnellement, je la trouve sympathique…, correcte.

ABERLINE

Correcte ? Tu ne la connais pas, moi si !

JOËL

Il me semble qu'une vingtaine d'années suffisent amplement pour connaître quelqu'un…

ABERLINE

Tu n'as jamais vécu très proche de cette famille, proche d'elle !

JOËL

Alors, parle m'en !

ABERLINE
Peux-tu au moins comprendre ce que c'est que de vivre avec le sentiment de ne pas exister ?

JOËL
Aberline, ce sont là de bien grands mots !

ABERLINE
C'est encore insignifiant par rapport à ce que j'ai vécu, Joël !

JOËL
Que s'est-il donc passé pour que tu en sois aussi perturbée ?

ABERLINE
Justement, il ne s'est rien passé… on ne me dit rien… personne ne répond à mes questions pour ne pas dévoiler le secret de mes origines !

JOËL
Maman Aline a toujours été là… elle a pris soin de toi, tu as fait des études… Franchement, je ne comprends pas !

ABERLINE
Et puis ? À ton avis, c'est tout ce dont un être humain a besoin pour vivre ?

JOËL
Il y en a qui se contentent de beaucoup moins, tu sais.

ABERLINE

Les fous, les sans-desseins, oui !

JOËL

Si tu le vois ainsi…

ABERLINE

Joël, laisse donc tomber…, tu ne comprendras jamais !

JOËL

Si tu ne m'expliques pas… je ne peux pas deviner, mon amour !

ABERLINE

Va voir Andréa, elle te lira les cartes… elle s'adonne à cette passion depuis sa prime jeunesse !

JOËL

Ah bon ? Excellente idée ! Tu vois, ça je l'ignorais !

ABERLINE

Là, tu le sais… elle était tout le temps avec maman Aline… elle prédisait plein de choses… qui effectivement se sont avérées ! Elle sait tout !

JOËL

Tiens, tiens ! Secrets de famille !

ABERLINE

Elle est la gardienne des secrets de toute la famille… elle sait tout, elle leur dit tout, sauf… à moi !

JOËL

Lui en as-tu confié au moins ?

ABERLINE

Non ! En ce qui me concerne, je n'ai aucun secret. Les miens sont détenus par d'autres. Moi, je n'ai que des questions sans réponse !

JOËL

Sans doute, tu ne les as peut-être pas posées à la bonne personne…

ABERLINE

Ils sont tous de mèche contre moi !

JOËL

Tu devrais plutôt t'arranger pour t'intégrer à l'équipe…

ABERLINE

Il n'y a jamais eu de place pour moi… dans le quartier où nous étions les seuls Noirs… tout comme quand j'allais à l'école, d'ailleurs.

JOËL

Et comment ça se passait dans ton quartier… ?

ABERLINE

Plutôt terrorisant. Je me souviens une fois… un voisin avait donné une raclée à son garçon parce que celui-ci jouait dans la ruelle avec Éric… (sa voix cassée d'émotion)

JOËL

À ce point-là ? C'était un peu fort ! Il semble que les gens ont l'esprit plus ouvert de nos jours…

ABERLINE

Justement, une petite rétrospective dans un temps pas si lointain.

JOËL

Dis-moi… à l'école primaire ?

ABERLINE

À l'école non plus, ce n'était pas toujours très drôle… une de mes profs m'appelait *la petite frisette* ! Refrain que mes camarades reprenaient durant la récréation.

JOËL

Et les responsables ne réagissaient pas ?

ABERLINE

Rien ou presque… c'était juste des enfants qui s'amusaient… je devais comprendre… et arrêter de niaiser ! Ils étaient tous Blancs…

JOËL

Je crois l'avoir entendue celle-là… On est tous pareils… Plus tard…, au secondaire, par exemple ?

ABERLINE

Au secondaire, c'était moins pire, car j'avais développé mes propres stratégies de défense… Je travaillais fort, j'avais de bonnes notes et je faisais partie de tous les comités… je m'intégrais…, dirait-on !

JOËL

Mais, c'était bien… enfin, je trouve, ainsi tu avais des amis qui t'estimaient…

ABERLINE

J'aimais le théâtre..., il paraît que j'étais assez bonne...

JOËL
Voilà ! C'est ainsi que tu as pu développer tes talents naturels.

ABERLINE (pensive)
Le temps béni où n'importe lequel d'entre nous pouvait interpréter Alceste, Rodrigue, Euclide, Pénélope ou Chimène au cours d'art dramatique... C'est, d'ailleurs, ce qui m'avait amenée à l'École nationale de théâtre...

JOËL
Oui..., et t'en souviens-tu, c'est lors d'un concours de théâtre inter-facultés qu'on s'est rencontrés...

ABERLINE
Oui..., je m'en souviens. Tu avais l'air différent.

JOËL
Tu as eu des rôles..., même plusieurs. Tu voulais en faire ta carrière... Je n'ose pas te poser cette question..., mais serais-tu anti-blanc ?

ABERLINE
Tu te trompes, mon ami ! J'avais voulu en faire une carrière, mais c'était avant de perdre mes illusions... Pas assez blanche pour certains et pas assez foncée pour d'autres... Si tu veux savoir, au fil du temps je suis devenue carrément raciste... je n'aime pas les Blancs ! Voilà !

JOËL
Incroyable ! Et moi, dans tout ça?

ABERLINE

Toi ? Quoi, toi ?

JOËL

Si tu détestes à ce point les Blancs, pourquoi m'as-tu épousé ?

ABERLINE

Tu désires vraiment le savoir ? Vraiment ? Tu me promets de ne pas en être choqué... contrarié ?

JOËL

Je te le promets !

ABERLINE

Je l'ai fait pour protéger notre éventuelle progéniture... nos enfants..., Joël

JOËL

Comment ça ? Quelle sorte de menace planait au-dessus de leur tête ? Tu as voulu les protéger de quoi, contre qui ?

ABERLINE

Je ne voulais pas qu'ils aient à subir les mêmes discriminations que moi...

JOËL

Aberline !

ABERLINE

Tu voulais savoir ? Alors, maintenant tu sais !

JOËL

Mais, je ne saisis toujours rien... de tes motivations...

ABERLINE

Tu veux des détails ?

JOËL

Bien évidemment !

ABERLINE

Alors, assieds-toi, mon chou, écoute ta femme… Je t'ai épousé pour sauver la « peau » de mes enfants !

JOËL

Peux-tu élaborer ? Je suis perdu…, mais… totalement perdu…

ABERLINE

Sais-tu comment on détermine les gens de mon type dans la nomenclature raciale ? Certains m'appellent une métisse, d'autres, une mulâtresse, un mot gentil pour dire que j'appartiens à une catégorie indéfinissable… un flou personnifié ! Je suis la fille d'une Négresse et d'un Blanc, ledit Blanc que je n'ai jamais vu en passant… Tu vois le genre de missionnaires pédophiles qui s'amusent à engrosser les filles indigènes qu'ils abandonnent ensuite avec une marmaille sur les bras à la fin de leur maudite mission pseudo-humanitaire… C'est moi ça ! Une nuance de brun…

JOËL

Aberline…, tu es en colère… tu vas trop loin !

ABERLINE

Non ! Au contraire…, je suis d'humeur à me confier aujourd'hui… tu voulais que je te mette dans la confidence, alors je veux te dire ma vérité, notre vérité et celle de notre fille... qui se voit enfant unique...

ABERLINE
(remontant un pan de sa robe jusqu'à la cuisse)
Tu vois ça..., c'est *la peau de l'autre*, celle qu'il m'a laissée en prenant ses jambes à son cou... As-tu déjà entendu parler du Bonhomme Prévilon ?

JOËL
Non... euh... pas encore...

ABERLINE
On dirait qu'il a pris un coup de trop en s'occupant de ma fournée...

JOËL
Dis-moi, c'est qui ce Bonhomme Prévilon ?

ABERLINE
Tu sais, dans notre imaginaire religieux, Dieu aurait un collaborateur qui l'aidait lors de la cuisson des premiers spécimens des races dans le grand four-neau céleste qui serait, dit-on, différent des plateaux brûlants de l'enfer !

JOËL
Mon Dieu ! Qu'est-ce que tu en as à raconter... Je ne l'avais jamais entendue celle-là, c'est effecti-vement une excellente théorie. Continue, tu m'intéresses !

ABERLINE
Ce bon monsieur lève bien le coude... et n'a aucune notion de la modération !

JOËL

Oh ! Un alcolo divin ! Quel idiot, travailler pour LE grand boss et ne rien trouver de plus intelligent à faire que de se taper des cuites !

ABERLINE

Il semblerait qu'une fois que Dieu avait le dos tourné, Bonhomme Prévilon sortait sa gourde... oubliant ainsi des fournées entières... ce sont les plus foncés... et il en sortait d'autres avant le temps de cuisson idéal... c'est moi ça ! (dit-elle en exhibant sa main pour montrer son teint)

JOËL

Mais, qu'en est-il des Caucasiens... comme moi alors, le bonhomme Prévilon... il faisait quoi ?

ABERLINE (éclatant de rire)

Il a tout simplement oublié de les mettre au four... c'est pour cela que ceux de *ton groupe ethnique* se tapent des séances de bronzage à vie ! En fait, vous ne bronzez pas... vous devenez rouge comme des homards !

JOËL

Quelle histoire ! Bon sujet pour un film de fiction ! Revenons à ma présence comme acteur involontaire..., si je comprends bien...

ABERLINE

Si, si, tu comprends bien..., tu as même tout compris, Joël ! Tu vois, dans la vie, il existe de drôles de combinaisons... souvent, ceux qui les organisent ne détiennent pas l'absolu du résultat...

JOËL

Continue… continue, Berline…

ABERLINE

En te rencontrant…, je me suis dit que si l'on procréait… histoire de combinaisons de zygotes… une métisse et un Caucasien devrait donner un produit plus *light*… de peau… des quarterons, comme on les appelle… ainsi, mes enfants auraient une chance d'échapper au calvaire que j'ai vécu…

JOËL

Je n'arrive pas à croire que je ne représentais pour toi qu'une occasion de régler tes comptes avec la société !

ABERLINE

Là, tu exagères ! Il y avait quand même des sentiments…

JOËL

Une chance ! Autrement…, tu aurais pu te faire inséminer artificiellement…

ABERLINE

J'avoue y avoir pensé…, mais refaire le même exercice trois fois de suite me semblait éreintant…

JOËL

Trois fois…?

ABERLINE

Oui, je voulais avoir trois enfants… pour qu'un enfant unique ne vive mon isolement…

JOËL

Et nous n'en avions eu qu'une… Maureen me disait… tu lui en as parlé ?

ABERLINE

Pas exactement…, je lui ai simplement fait remarquer qu'elle serait plus belle si elle te ressemblait un peu plus… côté épidermique…

JOËL

Aberline ! Mais, tu es complètement folle ! On ne dit pas de telles sornettes à son enfant…

ABERLINE

Pourquoi pas, si c'est la vérité ?

JOËL

Et comment a-t-elle réagi ?

ABERLINE

Bien… du moins, je le crois… elle n'a rien dit…

JOËL

Mon Dieu ! Quelle inconscience ! Dire à son enfant qu'elle n'est pas belle, car sa peau n'est pas assez blanche ! Mais, on est où là ?

ABERLINE

Je n'ai pas voulu prendre de risque… Regarde-moi…, *une… pas assez cuite* ! Tu l'as vu et constaté toi-même à la manière dont l'équipe de production m'a traitée dernièrement… aux auditions. Je ne suis pas assez blanche ni assez noire… coincée, malgré mes talents dans la case des non classés !

JOËL

C'est débile ! Je vois…

ABERLINE

Non…, tu ne peux pas voir… Moi, je le sais… je le vis au quotidien et je n'ai pas eu le courage de mettre au monde d'autres martyrs !

JOËL (sanglots dans la voix)

Berline…

ABERLINE

Pourquoi imposer cette vie à un être humain ? Si au moins elle prenait un peu plus de toi… J'espérais mettre plus de lait dans mon café au lait, comme ils disent dans ma culture… la première tasse n'ayant pas satisfait mes attentes… j'ai décroché de la caféine !

JOËL

Ta ligature des trompes c'était donc un acte volontaire et non une nécessité médicale, comme tu me l'as toujours fait croire, Berline… Je n'en reviens pas… tu as si mal… tu es si mal dans ta peau, mon amour ? Tu as donc décidé de ne plus avoir d'enfants, car le teint de Maureen n'était pas assez clair à ton goût ?

ABERLINE

Tu pourrais le voir ainsi…, Joël Trudel… tu aurais aujourd'hui trois beaux petits bronzés… qui vivraient la même situation que moi au sein de cette société hypocrite !

JOËL

Serait-ce pour cette raison que tu te caches derrière tes vêtements à manches longues et des turbans, Berline ?

ABERLINE

Je ne me cache pas ! Sais-tu que quand j'étais petite, les gens voulaient toucher à mes cheveux… juste pour en éprouver leur texture… En m'habillant ainsi, je protège le monde du supplice de sa curiosité, c'est tout.

JOËL

Même moi ? Te souviens-tu de la dernière fois où je t'ai vue nue ?

ABERLINE

Hier soir ! On partage la même chambre…, non ?

JOËL

Peut-être, mais je n'ai plus la chance de contempler ma femme.

ABERLINE

Ben, voyons, Joël…, tu es vraiment étrange !

JOËL

Je veux dire… te voir… évoluer dans ta chambre, dans notre nid conjugal…

ABERLINE

Pourquoi devrais-je… me promener toute nue dans la maison ?

JOËL

Dans notre chambre…, Berline, pas dans la maison… et pourquoi pas quand nous y sommes seuls… cuisiner comme avant… je voudrais te revoir comme avant…

ABERLINE

Dis-moi donc tout ce que je ne fais plus…

JOËL

Tu ne sors plus, c'est fini nos vendredis cocooning... tu t'éloignes de nos amis, voire de notre fille... tu l'as entendue : elle se sent étouffer... et là, tu viens de lui apprendre qu'elle n'est pas assez blanche pour être belle à tes yeux...

ABERLINE

Je n'ai jamais prononcé ces mots-là !

JOËL

Je ne te reconnais plus, tu dévorais deux ouvrages par semaine alors que tes trois dernières commandes sont encore dans leur emballage sur ta table de nuit... tu ne chantes plus, tu ne ris plus.

ABERLINE

Je suis fatiguée... j'ai grossi... je n'ai envie de voir personne, j'aimerais partir loin, disparaître, Joël, disparaître.

JOËL

Ah bon ? Tu as grossi, pourtant je ne m'en suis pas aperçu... Viens... montre-moi donc... où as-tu caché ces nouveaux kilos... on parlera du voyage après... Ma femme me manque !

Il se lève et va vers Aberline qui s'esquive.

ABERLINE

Je le sais..., c'est moi qui vis avec ce corps-là.

JOËL

Pourquoi as-tu réellement peur de te montrer... même à moi... tu ne te déshabilles qu'une fois les lumières de notre chambre éteintes...

ABERLINE

Depuis quand es-tu devenu voyeur, toi ?

JOËL

Depuis que ma femme se cache… de moi. Parfois, je me sens coupable de te toucher… pour ne pas te déranger. Berline, cela devient pénible… c'est à peine si j'existe.

ABERLINE

Ah bon ! Ça, alors ! J'ignorais que tu avais ce penchant pour les femmes nues…

JOËL

Notre couple n'existe plus… je n'existe plus pour ma femme, Berline…Si seulement tu savais à quel point tu es belle… tel un oiseau du paradis…

ABERLINE

Je devrais te croire…

JOËL

Oui…, mais tu paniques parce que tu penses avoir grossi…Tu plaisantes ! Tes sœurs… Marylise et Andréa n'ont pourtant pas ce problème… elles sont très élégantes.

ABERLINE

Ne me parle pas d'Andréa… aucun sens de l'esthétique ! Trois cents kilos de gras sous la peau, elle ne semble même pas gênée… C'est encore pire depuis qu'elle a son restaurant…

JOËL

Elle s'accepte et vit bien dans sa peau… Tu devrais en faire autant…

ABERLINE

Encore faut-il que je sache où la placer… cette peau dont tu parles… où me placer dans les nouvelles catégories ethniques de la belle diversité !

JOËL

Tu es une métisse, mon amour ! Une belle femme, tout simplement !

ABERLINE

J'aurais préféré être franchement noire ou franchement blanche, ça règlerait la question !

JOËL

Malheureusement, personne ne tricote de l'intérieur son costume originel !

ABERLINE

(pinçant avec dédain la peau de sa main droite) Malheureusement, non ! J'échangerais celui-ci contre un autre à la première occasion !

JOËL

Moi, je n'échangerais ma femme contre aucune autre ! Je t'aime comme tu es ! Dis-moi en passant, j'ai remarqué que tu ne vas plus passer des auditions… Sérieusement, pourquoi ?

ABERLINE

Pourquoi ? J'ai arrêté de perdre mon temps ! J'ai perdu mes illusions !

JOËL

Tu sembles avoir perdu aussi ton enthousiasme? Tu as du talent, pourtant…

ABERLINE

Primo : je n'obtiens jamais les rôles que je veux au théâtre ou au cinéma. Secundo : personne n'écrit pour des métissées comme moi dans cette société qui vit au siècle passé, coincée entre son déni de la réalité contemporaine et sa rage de demeurer immaculée.

JOËL

Dernièrement, on a en a fait de beaux débats dans les journaux et sur les réseaux sociaux, n'est-ce pas ?

ABERLINE

Et puis quoi d'autre ? Qui a fait quoi de précis pour proposer ne serait-ce qu'une ébauche de solution ?

JOËL

Pas vraiment grand-chose, malheureusement... quelques vidéos sur Youtube çà et là dont les contenus se chevauchent et une pléthore de chaînes ethniques comme on les appelle... Rien de vraiment rassembleur, aucune proposition collective... propre à répondre valablement à ce besoin de visibilité, voire d'existence de cette diversité dans le paysage télévisuel comme dans la vraie vie. Dommage !

ABERLINE

Et ces hypocrites qui me demandent avec leur air faussement innocent : oh, ma jolie, on te voit plus au théâtre... tu étais très bonne dans la série X... Ta gueule... ai-je envie de leur répondre !

JOËL

Ils ont un peu raison... tu ne soumets plus de CV... tu as même renvoyé ton agent...

ABERLINE (ironique)
À quoi sert un agent si personne n'écrit de rôle pour mon type… de peau ! Serveuse de restaurant ou femme de chambre qui se fait pogner les fesses, peut-être… Si j'étais un mâle avec le gabarit de Benz Antoine, je pourrais être policier peut-être…

JOËL
Elle est vraiment profonde ta peine… et je te comprends…, mais cela ne t'avantage pas de vivre en recluse.

ABERLINE
Cette exclusion systémique me tue : tous les Italiens sont des restaurateurs, des mafieux qui parlent en gesticulant ; tous les Haïtiens sont des chauffeurs de taxis et leurs jeunes, des membres de gangs de rues; tous les Africains sont des scammers nigériens, roulent leur « r » et confondent les « u » et les « i »; tous les Vietnamiens sont propriétaires de dépanneurs et les petits Asiatiques sont des génies… adoptés… et si tu portes barbe et turban, t'es foutu ! J'en ai marre !

JOËL
Ce n'est pas une raison pour vivre ainsi, ma chérie… Il n'y a pas que le théâtre et le cinéma, bien que je compatisse… sincèrement.

ABERLINE
Je ne suis pas une recluse… je me protège.

JOËL
Si, si…, mais une recluse que j'aime, que j'adore…

ABERLINE

Alors…, continue donc à m'aimer !

JOËL

Oui, certainement je vais continuer à t'aimer !

ABERLINE

Moi, je ne m'aime pas !

JOËL

Moi, je t'aime, je t'aime pour deux… Je t'ai perdue à un certain moment…, mais je continuerai à t'aimer jusqu'à ce que je te retrouve !

ABERLINE

Encore faut-il que je me retrouve moi-même avant… Ça risque d'être long !

JOËL

J'attendrai jusqu'à ce que tu comprennes que c'est important de vivre ici et maintenant. Dis-donc, as-tu déjà pensé retourner vivre au pays de ta mère… tu y es née, c'est aussi le tien, non ? De plus, il semblerait que les gens de ta couleur y ont la cote…

ABERLINE

Pardon ? Un rejet me semble bien suffisant !

JOËL

Rejet ? Explique-moi...

ABERLINE

Ici, dans le pays où j'ai grandi, on ne manque jamais une occasion de coller après mon titre de citoyenne, le beau petit qualificatif... *d'origine*... comme pour me rappeler à chaque fois que cette terre n'est pas la mienne...

JOËL

Et...

ABERLINE

Et... ne prends surtout pas pour acquis que tout soit facile pour ces gens-là dont tu parles. Ils sont comme moi ici, coincés entre le désamour des uns et le respect obligé des autres...

JOËL

Ah bon !

ABERLINE

Cela m'attriste, tu sais... Ceux d'ici me rappellent sans cesse que je suis citoyenne d'origine X et ne reconnaissent ni mon opinion ni mon expertise. Quand vient le temps d'intervenir sur le terrain, mes concitoyens d'origine me refusent jusqu'au droit de participer aux affaires du pays parce que justement je serais d'un ailleurs... Sans oublier les humani-taires qui eux, sont en pays conquis et en font leur terrain de jeux...

JOËL

Euh...

ABERLINE

Il n'y a pas de « euh... » qui tienne, Joël ! Moi, je suis coincée dans ma quête identitaire, les citoyens qui vivent en-dehors du pays portent le drame de leur quête existentielle tout court... À un certain point, ils deviennent des utilitaires, guichets automatiques pour leur famille restée au pays et que les politiciens viennent visiter en périodes électo-rales, rien de plus ! Ils nous gardent en laisse volontairement pour mieux nous vider de notre sang. Ils nous aiment, mais de loin…

JOËL

Tu as une manière bien singulière de voir et d'exprimer les choses…

ABERLINE

Bien…, je les exprime tel que je les sens… et ce n'est vraiment pas drôle !

JOËL

Pourquoi ne ferais-tu pas de la radio…

ABERLINE

Merci, Joël Trudel ! Disparition volontaire, dissimulation structurelle consentie, accommodement raisonnable… prime de consolation pour calmer mes déceptions professionnelles… Bref, tu me proposes d'installer les branches dans ma cage de singe, histoire de me convaincre que je suis en liberté, comme dirait l'écrivain Frankétienne. La solution parfaite puisqu'on n'entendra que ma voix !

Aberline éclate en sanglots. Son mari la prend dans ses bras pour la consoler.

**FIN ACTE 2
SCÈNE 3
FERMETURE DES RIDEAUX**

ACTE 3
SCÈNE 1

Maureen est seule, assise sur une chaise en bambou dans le gazebo. Conversation téléphonique avec les cousines. Les jeunes organisent une sortie en soirée. Maureen propose d'aller à la *Tanière, leur club*. Elle y a invité Mitch, son petit ami. La conversation débute avec Shauna, la fille de l'oncle Éric, frère aîné d'Aberline.

MAUREEN (au cellulaire)
Shauna, c'est toi?

SHAUNA (voix off)
Oui, Maureen, que se passe-t-il ? Tante Marylise a appelé ma mère…

MAUREEN
Ce n'est pas grave, c'est moi qui lui avais téléphoné pour lui donner des nouvelles de maman.

SHAUNA (voix off)
Oh, cool ! Il paraît que ta mère s'est encore sentie mal… elle a vomi. Elle aurait pu changer de formule… !

MAUREEN
Vraiment pas cool, papa est inquiet pour la fête de grand-maman. C'est sérieux, elle a encore vomi… et j'ai dû nettoyer en plus !

SHAUNA (voix off)
Ah, oui ? Je ne suis pas surprise… tante Berline a fait le même coup l'an passé.

MAUREEN

Non, l'année dernière elle avait une gastro-entérite, ma chère ! Pour demain…, j'ignore de quoi elle souffrira. Et devine quoi ?

SHAUNA (voix off)

Quoi d'autre ?

MAUREEN

Elle a demandé à papa de m'y accompagner au cas où elle n'irait pas mieux…

SHAUNA (voix off)

Ça veut dire qu'elle planifie déjà de ne pas aller mieux… tu ne comprends pas ? The matrix reloaded ! Déjà vu, ma chouette !

MAUREEN

Amen ! Ce sera une grosse déception pour grand-maman qui nous prépare une surprise, à ce qu'il paraît.

SHAUNA (voix off)

Imagine, tout le monde retient son souffle à la maison, car cela à l'air assez sérieux… aucun désistement n'est accepté…

MAUREEN

As-tu une idée de ce que ça peut être ?

SHAUNA (voix off)

Aucune idée. J'ai entendu ma mère parler d'une visite…

MAUREEN

Et si grand-maman avait un fiancé !

SHAUNA (voix off)

Tu es folle toi ? À son âge ? Elle l'aurait rencontré où ?

MAURREN

Trois possibilités : a) au bingo à L'Alliance, b) à son cours de danse en ligne, au CUMAJ ou c) au Coin-Lecture de La Ligue des Noirs !

SHAUNA (voix off)

Moi, je dis : d) aucune de ces réponses ! Tu imagines grand-maman Aline avec un vieux monsieur ?

MAUREEN

Pourquoi un vieux ? Ce serait intéressant qu'elle ait un compagnon de fin de vie, même plus jeune qu'elle, pourquoi pas ? C'est dans l'air du temps…

SHAUNA (voix off)

C'est sans doute un arnaqueur qui veut se faire vivre en mangeant du bon riz aux champignons et du griot de porc, je parie.

MAUREEN

Moi, je prédis qu'elle va nous remettre son testament !

SHAUNA (voix off)

N'est-ce pas un notaire qui gère ces choses-là d'habitude ? Demain, au petit jour, j'appelle Maître Nathalie Tétrault pour valider, et en cas de complication, maman rapplique contre l'imposteur avec nos avocats !

MAUREEN

Avec grand-maman on peut s'attendre à tout... dans le bon sens surtout !

SHAUNA (voix off)
Il y a quand même des limites, hein !

MAUREEN
Attendons voir... demain finira par arriver... Parlons plutôt de ce soir... as-tu parlé à Mitch ? Il doit passer me chercher, c'est le plan. Il faut qu'il commence à imprégner l'environnement...

SHAUNA (voix off)
Bonne chance, avec tante Berline !

MAUREEN
Je vais appeler Samantha en conférence, attends...

SHAUNA (répond voix off)
OK, je suis encore là... Samantha... maintenant.

Conversation-conférence entre Maureen, Shauna et Samantha.

MAUREEN
Samantha?

SAMANTHA (voix off)
Maureen, est-ce vrai que ta mère nous prépare encore un sale coup ?

MAUREEN
Mais non, tout va s'arranger ! Nous sommes déjà passés par-là ! On connaît la formule !

SAMANTHA (voix off)

Où est tante Aberline ?

MAUREEN
Ta tante Aberline est présentement au repos prescrit par *docteur papa* ! Maman veut de l'attention, c'est tout !

SAMANTHA (voix off)
Si elle décide de faire son cinéma demain, viendras-tu quand même avec oncle Joël ?

MAUREEN
Oui, possiblement …, mais rien n'est décidé encore.

SAMANTHA (voix off)
Sans blague ! Demain, c'est pourtant le jour « J »… Tout le monde doit être présent !

MAUREEN
Elle est malade, pas nous ! Et dire que je voulais l'avertir…

SHAUNA (voix off)
De quoi ?

MAUREEN
Que j'avais invité Mitch à prendre part au souper de grand-maman !

SAMANTHA (voix off)
Elle va t'étriper ! Tu veux mourir jeune, toi !

SHAUNA (voix off)
Tu as osé faire ça ? Tes carottes sont cuites, ma belle !

MAUREEN

Je ne pourrai pas me cacher toute ma vie… demain ou un autre jour !

SHAUNA (voix off, ton théâtral)

Je salue ton courage Sanite Belair[2], ô toi la guerrière des tranchées, sans peur et sans reproche !

SAMANTHA (voix off)

Je te plains, mais tu sauras où me trouver au cas où… ça tourne au vinaigre.

MAUREEN

Mitch vient me chercher plus tard… advienne que pourra ! Je ne fais rien de mal !

SHAUNA (voix off)

Mais, on ne t'accuse de rien ! Au contraire… l'inquiétude c'est ta mère et sa haine des Blancs.

MAUREEN

Si la situation se complique, j'appelle papa en renfort ! Et vous ne connaissez pas la meilleure, mes chéries ?

SHAUNA (voix off)

Quoi encore ?

MAUREEN

(la voix devenant subitement triste)
Ma chère maman m'a avoué aujourd'hui que j'aurais mieux fait de ressembler à mon père…

---

[2] Sanite Belair, héroïne et femme d'un important personnage de l'histoire d'Haïti.

SAMANTHA (voix off)
Oh, *shoot* ! Elle a dit ça… comme ça ?

MAUREEN
Oui, elle m'a dit ça, comme ça, en pleine face ! Et vous ne devinerez pas pourquoi ?

SHAUNA (voix off)
Cause toujours…Tu aurais… moins de fesses… ?

SAMANTHA (voix off)
Je refuse d'imaginer la raison…

MAUREEN
J'ai le teint trop foncé les filles !

SAMANTHA (voix off)
Tu as le teint trop quoi ? C'est de la folie !

SHAUNA (voix off)
Mais…, Ai-je manqué un bout de l'histoire… ?

MAUREEN
Non, ma chère, et c'est là qu'il faut trouver l'erreur…

SHAUNA (voix off)
Elle clame ne pas aimer... voire, haïr les Blancs…Techniquement…disons, théoriquement, elle est raciste !

SAMANTHA (voix off)
Non, mieux que ça : elle se dit fièrement anti-blanc!

SHAUNA (voix off)

Mais, c'est le monde à l'envers… Est-ce qu'elle marche parfois sur ses mains, ta mère ?

MAUREEN
Vous n'y êtes pas du tout… si elle voulait avoir des enfants basanés, elle aurait épousé un Noir…

SHAUNA (voix off)
Pourrais-tu préciser un peu mieux ton idée pour moi… excuse ma lenteur dans ce genre de réflexion que je trouve totalement incohérente.

SAMANTHA (voix off)
Mets-en !

MAUREEN
Récapitulons… maman a épousé papa, un Blanc de blanc, car elle voulait avoir des enfants au teint encore plus clair que le sien !

SHAUNA (voix off)
Mais, c'est débile…depuis quand on choisissait la couleur de peau de nos enfants ?

SAMANTHA (voix off)
Et bingo ! Elle a voulu mettre du lait dans son café au lait ! Je n'arrive pas à croire à ce raisonnement illogique !

MAUREEN (sanglotant)
Vous vous imaginez… ma propre mère me déclare que j'aurais pu être plus belle si je ressemblais un peu plus à mon père… ça veut dire qu'elle ne m'aime pas…, elle est déçue de mon apparence…

SHAUNA (voix off)

Mais non ! Ça nous arrive à tous d'être fêlé de temps en temps. Elle affichait quelle attitude quand elle te l'a dit ? Fâchée… frustrée…confuse ?

SAMANTHA (voix off)
Était-ce avant sa démonstration ? Je veux dire avant ou après avoir vomi ? Ça pourrait être un symptôme grave…de quelque chose de bien plus grave encore.

MAUREEN
Arrêtez les filles, ça n'a rien d'une plaisanterie… Sur le coup, je ne lui ai rien dit, mais après je l'ai entendu parler à papa… c'est débile !

SHAUNA (voix off)
Alors, c'est sérieux… Et comment a réagi oncle Joël ?

MAUREEN
Il a été un peu choqué… sans plus ! Alors que moi, je me sens éclater de l'intérieur… je vis ça comme un rejet… je dois en parler à Mitch, j'ai envie de disparaître… de me perdre.

SAMANTHA (voix off)
Elle déteste les Blancs..., mais aurait aimé que tu sois plus blanche... Maureen… je suis vraiment désolée, je pense que tante Berline doit consulter un psy...

MAUREEN
Tu penses ? Moi, je le crois.

SAMANTHA (voix off)
Dans cette famille, les hommes sont les plus cool !

SHAUNA (voix off)

Pas chez moi ! Mon père c'est un drôle de phénomène ! Sa dernière folie c'est une collègue de ma mère, rencontrée sur Facebook en plus !

MAUREEN

Ça court dans la famille, on dirait !

SHAUNA (voix off)

Ces derniers temps, mon père semble pas mal sensible à la gâchette… Il fallait voir sa réaction la semaine passée… quand je suis rentrée vers 23 heures !

SAMANTHA (voix off)

Ils savent de quoi ils étaient capables à notre âge… *What goes around comes around…* ils ont peur du karma, ma belle !

MAUREEN

Ma mère, elle, je ne la comprends vraiment pas… j'ai peur…

SHAUNA (voix off)

Peur de quoi ?

MAUREEN

Peur de devenir le « dommage collatéral » de sa guerre imaginaire contre tous les Caucasiens de ce monde ! Surtout maintenant que je sais qu'elle ne me trouve pas assez blanche à son goût ! Bienvenue dans le monde bipolaire de ma mère…

SAMANTHA (voix off)

Elle finira par se calmer, tu verras, tout ira bien ! Chez moi, c'est une autre histoire !

SHAUNA (voix off)
À cause de la maladie de tante Marylise?

SAMANTHA (voix off)
Je dois vous avouer les filles, c'est assez dur à vivre… Parfois, je me sens dépassée.

MAUREEN
Ils vont finir par trouver un traitement… Ils collectent tellement d'argent pour des recherches à ce sujet…, ils ne sauraient ne rien trouver…, quand même !

SHAUNA (voix off)
Je l'espère de tout cœur… Tante Marylise est si cool !

SAMANTHA (voix off)
Ça, tu peux le dire ! Je suis chanceuse, on se parle comme des amies !

MAUREEN
Vraiment chanceuse !

SHAUNA (voix off)
Ma mère, de son côté, se fait écraser par mon père qui s'absente de plus en plus souvent et ça me dérange !

MAUREEN
Ce sont des histoires d'adultes…C'est mieux, parfois, de ne pas s'en mêler… Hey, les filles, en passant, savez-vous où sont vos cordons ombilicaux ?

SAMANTHA (voix off)

Que vas-tu chercher dans nos nombrils, toi ?

MAUREEN

Je vous offre une petite primeur... demain soir chez tante Andréa... vous saurez tout, tout sur nos nombrils !

SHAUNA (voix off)

Maureen... de grâce !

MAUREEN

Toi Samantha, Shauna et ta petite sœur, Christina, je sais où sont les vôtres... la suite au prochain épisode !

SAMANTHA

Un indice ?

MAUREEN

Arbre-totem !

SHAUNA (voix off)

C'est du n'importe quoi !

SAMANTHA (voix off)

Et toi, où est le tien ?

MAUREEN

À la page 3 de mon album photo..., mais plus pour très longtemps... On en reparlera !

SHAUNA (voix off)

Encore des histoires d'adultes qui ont trop d'impact sur nous, les jeunes…

MAUREEN

Tout-à-fait d'accord avec toi, mais, eux, ils ne semblent pas s'en rendre compte !

SAMANTHA (voix off)
Nous vivons chacune une histoire familiale différente qui nous dérange… maladie, infidélité, malaise identitaire… et social, la totale quoi !

SHAUNA (voix off)
Heureusement qu'on se serre les coudes, les filles !

MAUREEN
Toutes pour une…

SHAUNA (voix off)
Et une pour toutes, comme des mousquetaires ! On se voit bientôt !

FIN ACTE 3
SCÈNE 1
NOIR GRADUEL

**ACTE 3
SCÈNE 2**

Maureen est assise, un livre en main. Elle regarde souvent l'horloge placée sur le mur. Elle porte une belle petite robe d'intérieur. On cogne discrètement à la porte. Maureen saute sur ses pieds et va ouvrir. Mitch, son petit ami est là. Il hésite à entrer. Maureen lui prend la main et l'entraîne avec elle. La jeune fille pose la tête sur l'épaule de son ami. Elle vient d'avoir une conversation avec ses cousines concernant le fait qu'elle ait invité Mitch au souper d'anniversaire de sa grand-mère pour le présenter à la famille. Maureen lui chuchote.

MAUREEN

Maman est dans sa chambre avec papa, elle ne se sent pas bien.

MITCH

Oh ! Je suis désolé… Veux-tu vraiment que j'entre ? Je peux attendre dehors, tu sais !

MAUREEN

Tu as peur... Si tu ne meurs pas ce soir…, tu mourras demain soir !

MITCH

Belle perspective ! Je ne sais pas si j'ai vraiment envie de me faire décapiter aussi jeune !

MAUREEN

Je plaisante ! Elle sera surprise et m'en voudra pendant un moment, mais rien de bien méchant !

Les amoureux sont assis face à face sur la causeuse. Mitch prend la main de Maureen en parlant doucement :

MITCH

Je ne crois pas que ta mère soit aussi terrible que ça ! Il faudrait d'abord que je la rencontre, que je lui parle…

MAUREEN

Tu ne comprends rien de rien. Elle ne veut pas te voir… elle ne veut rien savoir de nous deux.

MITCH

Mais, pourquoi ? Elle ne m'a jamais rencontré…

MAUREEN

Elle n'aime pas l'idée que j'aie un ami… Blanc… Aux dernières nouvelles, elle mettait toute son énergie à vous haïr, vous les *pure-laine* !

MITCH

Mais, c'est dingue ! Elle est… presque blanche elle-même ! Ton père est plus blanc que moi. C'est une blague ! Ta mère, raciste ? Je n'en reviens pas !

MAUREEN

Non…, c'est même très sérieux son affaire !

MITCH

Mais…, c'est vraiment difficile à croire… on est au 21e siècle… et ici, en plus !

MAUREEN

Elle menace de déchirer son testament si je continue à te voir.

MITCH

Je n'en crois rien, elle t'aime trop…, elle te met de la pression, rien d'autre.

Il la pousse un peu de côté, se met debout et continue :

MITCH

OK, pas de panique… je la rencontre, je lui parle si gentiment… qu'elle n'aura d'autre choix que de tomber sous mon charme… même si je suis blanc !

MAUREEN

Je me croise les doigts… de tout mon cœur…

MITCH

Elle sera séduite par ce beau jeune homme animé de bonnes intentions envers sa fille chérie, tu verras ! J'ai une profession, moi… programmeur de jeux vidéos et électricien en plus !

MAUREEN

Tu ne la connais pas. Peu importe ton métier… tu es techniquement inadmissible…tu es Blanc !

MITCH

Pourquoi ? La mère n'a aucune idée de mon salaire… sérieusement… tout le monde a besoin d'un électricien ou d'un informaticien un jour ou l'autre !

MAUREEN

Fais-moi confiance, tu verras…elle n'est pas si facile à convaincre.

MITCH

J'ai ma petite idée… je vais te ramener tôt ce soir comme preuve de mon honnêteté.

MAUREEN

As-tu envie de te faire scalper ? Tu es suicidaire, mon Mitch !

MITCH

Elle te protège et je la comprends… Tu verras, elle ne résistera pas à mes charmes.

MAUREEN

Nous devons trouver un moyen pour qu'elle t'accepte avant de t'éviscérer !

MITCH

On n'a pas le choix…, je dois l'affronter comme un mousquetaire !

MAUREEN

Un mousquetaire ? Mais, mon chou, tu oublies qu'ils étaient trois… Je te vois plutôt comme un veau face à un toréador !

MITCH

(ton dramatique en imitant la voix d'un journaliste) Quelle mort glorieuse ! Tu imagines les grands titres au téléjournal : victime de corrida, un jeune homme amoureux étripé par sa future belle-maman transformée en toréador !

MAUREEN

Arrête donc tes niaiseries et parlons de choses plus sérieuses. Je viens d'apprendre que maman aurait préféré que je sois… un peu moins bronzée !

MITCH

C'est quoi ce délire ?

MAUREEN

Oui, elle me l'a dit… j'aurais dû ressembler… un peu plus à papa…

MITCH

Comme a-t-elle pu te dire ça ? Tu es magnifique !

MAUREEN

Maman est d'avis contraire… Là, je ne sais plus si elle m'aime vraiment ou si elle m'accepte parce qu'elle n'a pas d'autre choix…

MITCH

Mon Dieu ! Quelle histoire !

MAUREEN
(pleurant dans les bras de son ami)
Honnêtement, je ne sais quoi penser… j'ai envie de fuir la maison… je ne sais plus qui elle voit quand elle me regarde, sa fille ou sa déception…

MITCH

Calme-toi, ma belle… elle ne disait sans doute pas ça sérieusement, voyons !

MAUREEN

Oh oui ! Elle était sérieuse… Mitch, j'ai envie de mourir…, mais je ne lui en ai rien dit !

MITCH

Je commence à m'inquiéter…, tu me fais peur…

MAUREEN

Je crois que tu ferais mieux de partir rejoindre mes cousins et les autres… Je vais me laver le visage et j'arrive…, mon petit cœur de chou…

MITCH
Bien sûr, bien sûr… si tel est ton vœu… Mais, à mon avis, on devrait y aller ensemble…

MAUREEN (se déplaçant un bref instant)
Vas-y, j'avertis les filles que tu arriveras sans moi. Je demande à papa de m'y conduire. À tout à l'heure !

Mitch se dirige vers la sortie tandis que Maureen quitte la scène. Elle y revient et reste debout, pensive.

FIN ACTE 3
SCÈNE 2
NOIR GRADUEL

ACTE 3
SCÈNE 3

Scène entre Maureen et sa mère. Mitch, le petit ami, vient de partir. Maureen revient sur la scène. Aberline y fait une entrée fracassante. Sa fille est debout les bras croisés. La mère se place en face d'elle, la regardant sans sourciller. Finalement, voyant que Maureen reste délibérément silencieuse, Aberline se décide à parler dans un soupir.

ABERLINE
Voyons, Maureen, pourquoi me fais-tu cette peine ? C'est tout ce que je mérite ? Tu veux me tuer ?

MAUREEN
Maman, je ne vois pas de quoi tu parles…

ABERLINE
Ne joue pas à l'innocente, tu sais très bien que j'attends des explications en ce qui a trait à ton histoire avec ce… blanc-bec que tu as amené ici. Je vous ai entendus…

MAUREEN (calmement)
Je m'excuse maman, son nom est Mitch, ce n'est nullement un blanc-bec comme tu l'appelles, c'est un jeune homme bien, tranquille, professionnel et je l'apprécie…

ABERLINE
Il existe une grande différence entre apprécier quelqu'un et vouloir en faire son ami ! J'aime bien mon coiffeur ainsi que le gars qui tond le gazon ou qui déneige l'entrée en hiver, ce sont des

connaissances, pas des amis ! On n'en fait pas un ami de cœur..., voyons !

MAUREEN

Mitch n'est ni mon coiffeur ni mon homme à tout faire et je crois que je l'aime !

ABERLINE

As-tu au moins une idée de ce que cela veut dire aimer quelqu'un ? Pauvre fille…

MAUREEN

Je le sais, maman. Je pense que tu devrais au moins nous laisser une chance.

ABERLINE

Oui, une chance de gâcher ta vie avec un fils d'hypocrites !

MAUREEN

Veux-tu rencontrer Mitch ? Tu pourrais lui parler, lui poser toutes les questions qui te brûlent les lèvres. Ainsi, tu le connaîtrais mieux.

ABERLINE

Je ne suis pas intéressée à le connaître et ne me demande pas pourquoi !

MAUREEN

Au contraire, tu devrais m'expliquer les raisons d'un tel acharnement sur quelqu'un à qui tu ne t'es jamais adressé.

ABERLINE

Tu crois ? Eh bien, moi, je te dis que lorsqu'on a parlé à un spécimen de cette race-là, on les tous passés en revue.

MAUREEN

Tu parles des BLANCS, hein ? C'est totalement injuste maman, tu ne l'as jamais croisé même de loin. Je sais que tu ne les adores pas particulièrement, mais de là à les mettre tous dans le même panier c'est un peu exagéré. Je te rappelle que tu en as épousé un…

ABERLINE

Ce n'est pas à toi de me dire qui est comment. Depuis longtemps je me suis fait une idée sur cette race de monde. Oui, je me suis marié à ton père, j'avais mes raisons, comme je te l'ai expliqué.

MAUREEN

Oui, maman, tu me l'as dit… Tu m'as aussi mentionné que j'étais ta déception, car je n'ai pas eu l'intelligence intra-utérine de choisir la bonne couleur de peau pour répondre à tes attentes, maman !

ABERLINE

Je n'ai jamais tenu de tels propos !

MAUREEN

Mais, c'est ce que j'ai compris de ton discours, maman…

ABERLIBE

Alors, quelque chose a dû t'échapper, Maureen.

MAUREEN

Bien ! On récapitule… Reprends pour moi ta théorie… *du lait dans ton café au lait* que tu expliquais à papa…

ABERLINE
Maintenant, tu écoutes aux portes ? Bravo !

MAUREEN
Oui, quand elles sont ouvertes et que tu parles de tes rêves et de tes frustrations, maman !

ABERLINE
Arrête de ponctuer toutes tes phrases du mot maman, maman, maman… ! Ça finit par m'irriter !

MAUREEN
Je comprends que tu aurais aimé avoir une fille à la peau plus claire, MAMAN !

ABERLINE
Arrête !

MAUREEN
Une chance que tu te sois fait ligaturer les trompes… imagine si nous étions trois rejetons… avec le teint trop bronzé… à t'appeler maman…

ABERLINE
Tu ne sais pas de quoi tu parles…

MAUREEN
Oui, je le sais maman…, excusez…, *madame* ! En passant, j'ai cru comprendre que papa aurait aimé avoir d'autres enfants…, mais tu en as décidé autrement… tu ne souhaitais donc pas concevoir un autre bronzé de mon genre, n'est-ce pas ?

ABERLINE (touchant son visage)

Tu n'as aucune idée de l'enfer que j'ai vécu... à cause de ça ! J'ai mes raisons... cette société est trop hypocrite...

MAUREEN

As-tu déjà pensé qu'eux aussi peuvent dire la même chose de nous ? Si toi tu ne t'aimes pas... comment veux-tu que les autres éprouvent de l'amour pour toi ?

ABERLINE

Ils diront ce que bon leur semble de ceux qui les approchent de trop près, oui. Quant à moi, je me fous de ce qu'ils pensent. Je ne peux plus les sentir !

MAUREEN

Avais-tu quelque chose d'autre à m'entretenir, maman ?

ABERLINE

Oui, je t'aime et je ne veux pas que tu souffres, que tu te fasses avoir par ce petit con !

MAUREEN

On dirait que tu as peur d'eux... pourtant... tu vis avec un des leurs depuis plus de 20 ans... c'est cohérent à mort, ça !

ABERLINE

Justement, c'est un choix mûrement réfléchi... j'ai pris un risque calculé ! D'un autre côté, tu n'as aucune idée de quoi sont capables ces gens-là.

MAUREEN

Maman, tu es trop dure. Donne-toi une chance, tu serais peut-être surprise de voir combien *ces* gens peuvent être totalement différents de ce qu'on en pense… ils changent aussi avec le temps !

ABERLINE

Inutile d'insister, tu ne peux pas comprendre. Je déteste tous les Blancs, j'en tolère seulement un ou deux. Ce n'est certainement pas toi qui vas me faire changer d'idée. Il n'y aura pas un autre Blanc chez moi, c'est mon dernier mot !

MAUREEN

Imagine si chaque abeille s'isolait dans son coin… nous n'aurions pas ces magnifiques parterres de fleurs, maman !

ABERLINE

Désolée, je ne suis nullement intéressée à contribuer au parterre collectif !

MAUREEN

Maman, tu me rends malheureuse… pense donc un peu à moi… je ne t'ai rien fait, lui non plus !

ABERLINE

Ils ont le même sang, le sang des lâches et des fuyards ! Je n'en dirai pas plus...

MAUREEN

Maman, tu gardes toujours le fond de tes pensées... tu fais exactement ce que tu reproches à grand-maman Aline... Ton silence m'est pénible !

Joël, le père, arrive entre-temps. Il s'était immobilisé quelques instants à l'écart et assistait à la scène.

ABERLINE

J'ai dit non, pas de blanc sous mon toit, c'est tout !

MAUREEN

Maman, je ne suis pas toi et ce n'est pas lui qui t'a blessée.

ABERLINE

Ce n'est sans doute pas lui directement…, mais un des siens… qui m'a abandonnée avec sa moitié de peau !

MAUREEN

Maman…, il t'a aussi donné la vie en cadeau …

ABERLINE

Si c'est pour vivre cette drôle de vie qui est mienne, il n'avait qu'à garder son cadeau empoisonné !

JOËL (s'approchant de sa femme)
Ainsi, tu ne veux pas de Blanc chez toi... ? Ai-je bien entendu ?

MAUREEN

Papa, je ne n'ai rien fait de mal.

ABERLINE (des sanglots dans la voix)
Si tu savais Joël, elle m'a trahie… ta fille veut me tuer !

MAUREEN

Papa…, je ne comprends pas… elle ne veut pas que j'aie un ami…

JOËL

Es-tu certaine que maman ne veut pas d'un ami ou de ce petit ami-là ?

MAUREEN

C'est difficile papa, elle me fait payer pour un péché que je n'ai pas commis...

JOËL

Calme-toi, ma chérie, on va se parler à tête reposée. Il me semble avoir entendu que maman ne voulait plus de Blanc ici...

ABERLINE (toujours en sanglotant)

Je n'ai rien à dire, je n'ai pas de voix, je ne suis personne ici, moi... Je n'ai pas dit que je ne voulais plus de toi... Joël.

MAUREEN

Mais, pourquoi ne nous fais-tu pas confiance ! Mitch n'est pas méchant.

JOËL

Maureen, ta mère est fatiguée !

MAUREEN

Moi aussi je le suis de toutes ces idioties, de ce système qui classifie les gens par race, par genre, par croyance religieuse, par teinte de peau voire par orientations sexuelles, etc.

ABERLINE

Qu'en sais-tu, toi ? J'essaie de te protéger des déceptions et du malheur d'être... trahie...

MAUREEN

Tu me protèges de quoi, maman ? J'ai déjà le malheur de ne pas être aussi blanche que tu le souhaitais ! Tu veux me protéger de vivre et d'apprendre de mes propres expériences ?

JOËL

Maureen…

MAUREEN

Papa, il faudra finalement que l'on parle de certaines choses pour se libérer… Seule la vérité affranchit.

JOËL

Tout a une fin, Maureen ! Quelqu'un finira bien par briser ce mur qui étouffe la famille… quelqu'un finira par parler.

MAUREEN

Oui, j'espère bien que finalement, nous pourrons rire à nouveau dans cette maison

JOËL (se reprenant)

Bon, il faut se préparer pour demain, on y va tous, Berline ?

ABERLINE

Je n'en sais rien...

MAUREEN

J'ai hâte de voir Shauna et David, Jimmy et Samantha, et tante Andréa. Il semble que grand-maman nous réserve une belle surprise.

ABERLINE (réprimant un haut-le-corps)

Andréa, Andréa ! Encore et toujours elle !

MAUREEN

Maman, personnellement, depuis notre conversation de ce matin, j'ai envie de fuir, j'ai envie de mourir… me faire dire des choses aussi horribles par ma propre mère… !

JOËL

De quoi parles-tu, Maureen ?

MAUREEN

Papa… toi et moi, nous ne sommes que des accessoires… nous ne représentons rien pour maman… qui, d'ailleurs, ne veut plus que je l'appelle maman…

JOËL

Maureen !

MAUREEN

Papa, ne t'en fais pas trop… maintenant que je sais pourquoi je n'ai ni frères ni sœurs…

ABERLINE

Parfait ! Mettez-moi donc tout ça sur le dos… Nagasaki et Hiroshima, les trois cents mille morts du 12 janvier 2010 en Haiti aussi pourquoi pas, je suis capable d'en prendre !

Joël fait signe à Maureen de se retirer et se rapproche de sa femme.

MAUREEN (quittant la scène)

De toute façon, je sortais pour rejoindre les cousins… Bonne soirée, papa !

Les deux adultes sont seuls sur scène. Aberline essaie de convaincre Joël d'accompagner Maureen au souper du lendemain.

ABERLINE

Joël…

JOËL (se rapprochant de sa femme)
Oui, mon amour…

ABERLINE
Je n'ai pas voulu dire... que je ne veux pas de toi...
même si tu es Blanc...

JOËL
On dirait que je suis un autre... type de Blanc... Un
Blanc pas tout à fait comme les autres…

ABERLINE
Ce n'est pas ce que je veux dire...

JOËL
À un moment donné..., il faudra vraiment qu'on
sache ce que tu penses... afin de comprendre ce que
tu veux dire... ce que tu vis pour te venir en aide au
besoin Berline.

ABERLINE
Joël, je voulais te demander si tu crois pouvoir…

JOËL
Pouvoir… quoi, mon amour ?

ABERLINE
Laisse-moi donc terminer ma phrase... veux-tu aller
à la fête avec Maureen, s'il te plaît ?

JOËL
(fait un geste désespéré en direction de sa femme)

Serait-ce le seul moyen pour notre famille d'être présente au souper de grand-maman ? Enfin, Berline !

ABERLINE
S'il te plaît, tu dramatises.

JOËL
Et c'est moi qui dramatise, n'est-ce pas ?

ABERLINE
Joël, réponds-moi ! Veux-tu y aller ?

JOËL (tournant le dos à sa femme, il quitte la scène)
Non ! Pas question ! Tu devras prendre tes responsabilités.

Aberline hausse les épaules découragée. Joël quitte la scène.

**FIN ACTE 3
SCÈNE 3
NOIR GRADUEL**

**ACTE 3
SCÈNE 4**

Chez Aberline, Joël refuse d'aller à la fête avec leur fille en l'absence de sa femme. Aberline est seule. Maureen revient sur la scène avec un sac à dos, elle ralentit le pas en voyant sa mère assise, occupée à se limer les ongles. La jeune fille reste debout un instant. Elle tourne à moitié le dos à sa mère.

ABERLINE
(observant sa fille)

Maureen ?

MAUREEN

Oui, maman…

ABERLINE

Tu as l'air nerveux. À quoi penses-tu ?

MAUREEN

Tu veux vraiment le savoir, maman ?

ABERLINE

Oui, je veux vraiment le savoir !

MAUREEN

Je me demande à quel jeu l'on joue ?

ABERLINE

Je ne comprends pas... qui ça, ON ?

MAUREEN

Ben... toi, maman !

ABERLINE

Voyons Maureen, que veux-tu insinuer ? Je ne me sens pas bien et tu m'accuses…

MAUREEN

Je ne t'accuse de rien ! Je constate tout simplement que quelque chose ne tourne pas rond !

ABERLINE

Maureen, je suis malade ! Vraiment malade !

MAUREEN

Subitement, au moment où la famille prépare le souper de grand-maman ?

ABERLINE

On ne peut pas tout prévoir, franchement !

MAUREEN

Oui, franchement, maman ! Penses-tu que papa et moi nous croyons en ta maladie subite ? Tante Marylise a failli faire une crise cardiaque quand je lui ai dit que tu serais absente.

ABERLINE

Ben ! Faites-en à votre tête ! Moi, je suis malade, vraiment malade de tout ce cirque !

MAUREEN

Voilà ! Tu es malade de ce que tu appelles un cirque…et ce cirque c'est TA famille ?

ABERLINE

Si c'est… ce que tu appelles ma famille…

MAUREEN
(se déplaçant ver la chaise
la plus éloignée de sa mère)
Maman, please ! Tu nous retiens tous derrière ton mur…

ABERLINE (murmure)
Mon mur ! Mon mur ! Si seulement je pouvais le défoncer !

**FIN DE L'ACTE 3
SCÈNE 4
NOIR GRADUEL**

**L'ACTE 3
SCÈNE 5**

**Maureen manipule son cellulaire, Aberline se
lime toujours les ongles, chacune dans son coin.
Mi-journée. Soudain, Joël revient et se dirige
vers sa fille.**

JOËL
Maureen, c'est décidé, on y va, toi et moi !

ABERLINE
Mais, Joël tu viens tout juste de m'assurer que tu
n'en ferais rien !

JOËL
Mais, je peux bien changer d'idée, mon amour !

MAUREEN
Parfait, papa ! Merci ! Donne-moi deux minutes,
j'appelle tante Marylise.

ABERLINE
Subitement ? C'est bizarre…

JOËL
Comme certains tombent subitement malade…,
alors…

ABERLINE
Pour toi aussi, j'ai une maladie…imaginaire…

JOËL
Ou… psychosomatique.

ABERLINE

Merci de me faire confiance !

JOËL
Bienvenue…, ma chérie ! Mais, le même scénario deux années de suite… serait-ce une coïncidence? Grand-maman Aline ne mérite pas ça !

MAUREEN
Nous non plus, d'ailleurs…

ABERLINE
(fait un geste de dépit et s'éloigne des deux autres) Continuez donc à m'acculer, je me fous de vous tous !

Maureen se déplace un peu vers l'arrière-scène pour téléphoner. Elle est encore partiellement visible et on entend sa voix, joyeuse, en conversation avec sa cousine Samantha.

MAUREEN
Samantha ! Je viendrai avec papa finalement…, la santé de maman se détériore…

ABERLINE
Dites-le donc que j'invente cette maladie…

JOËL
C'est exactement ce que nous pensons…

MAUREEN
On viendra, papa et moi. Je ne manquerai pas la surprise de grand-maman !

JOËL
Ni le riz aux crevettes de tante Andréa…

ABERLINE

Je vous plains !

JOËL

Nous aussi, mon amour, on se plaint ! N'est-ce pas,
Maureen !

MAUREEN
(elle revient vers sa mère et dépose
un baiser sur le front de celle-ci)

Bye maman, prends soin de toi…

ABERLINE

Tu diras à maman Aline que je suis vraiment
désolée !

JOËL

On n'y manquera pas !

MAUREEN

À plus tard papa !

JOËL

Tu as encore le temps pour changer d'idée Berline.

ABERLINE

Je suis malade Joël Trudel !

JOËL (quitte la scène)
Très bien... je n'ai rien dit !

**Joël et Maureen laissent Aberline sur la scène.
On voit alors notre héroïne, le corps agité par
des sanglots, feuilletant un magazine.**

FIN ACTE 3
SCÈNE 5
FERMETURE DES RIDEAUX

ACTE 4
SCÈNE 1

Joël est assis seul. Il est pensif. Il sort un cartable d'un porte-documents, tourne les pages en soulignant des passages. Le téléphone sonne. Maureen a quitté le domicile familial depuis plusieurs heures. Elle devait passer la soirée avec ses cousines et son copain Mitch. Ces derniers l'ont espérée en vain, elle ne s'est pas présentée. L'attente devenant angoissante, Shauna sa cousine, fille d'Andréa, décide d'avertir les parents de Maureen.

SHAUNA (voix off)
Oncle Jo, c'est moi, Shauna !

JOËL
Bonjour, Shauna...

SHAUNA (voix off)
Oncle Jo..., est-ce que Maureen est là ?

JOËL
Mais..., Maureen est avec vous...

SHAUNA (voix off)
Il se trouve que... elle n'est pas... avec nous, oncle Jo !

JOËL
Comment ça ? Elle est partie d'ici ça fait un bon moment..., vous n'alliez pas tous à *la Tanière* ?

SHAUNA (voix off)

Oui, oncle Jo, on avait rendez-vous…, mais elle n'est pas venue… du moins… elle n'est pas arrivée encore, je veux dire…

JOËL

Où est son copain ?

SHAUNA (voix off)

Il est avec nous… Maureen lui avait demandé de venir attendre ici, lui aussi.

JOËL

Tu dis que Mitch est avec vous ?

SHAUNA (voix off)

Oui, oncle Jo, Mitch est avec nous !

JOËL

Qui d'autre est là avec toi, Shauna ?

SHAUNA (voix off)

Il y a Samantha, Jimmy, Mitch, Malik, N'Gyen, Delia, Christina, Nour, Souahd, Lyne…Amadou et moi…

JOËL

Il ne manque donc que Maureen ?

Aberline arrive sur la scène et intervient dans la conversation.

ABERLINE

Que se passe t-il avec Maureen, Joël ? À qui parles-tu ?

JOËL

C'est Shauna…, elle attend l'arrivée de Maureen…

ABERLINE

Comment ça ? Maureen est partie les rejoindre depuis plus de trois heures… tu vois de quoi je parlais, Joël ?

JOËL

Non, Berline…je ne vois pas de quoi tu parlais… Maureen est sortie, ses cousins l'attendent… c'est tout !

ABERLINE

C'est tout ? Elle est quelque part et on ignore avec qui…Et merde, je le savais !

JOËL

Tu savais quoi, au juste ?

ABERLINE

Qu'il finirait par nous l'enlever…

JOËL

Qui ça… *il* ?

ABERLINE

Le petit blanc-bec…

JOËL

Il se trouve avec les jeunes… Lui aussi… attend Maureen, Berline… tu as trop d'imagination !

ABERLINE

Manigances…! Passe-moi le téléphone…

ABERLINE

(prenant d'un geste vif le téléphone
des mains de son conjoint)
Shauna, où est ma fille ?

SHAUNA (voix off)
Non…, tante Aberline… nous l'ignorons totalement… nous avions rendez-vous…

ABERLINE
Comment ça, elle n'est vraiment pas avec vous ?

SHAUNA (voix off)
Elle est peut-être encore en chemin, tante Aberline !

ABERLINE
Mais ça fait plusieurs heures qu'elle est partie de la
maison…

JOËL (reprenant le combiné)
Avez-vous essayé de la joindre sur son cellulaire?

SHAUNA (voix off)
Oui…, mais il est éteint…

JOËL
Lui as-tu laissé un message, au moins ?

SHAUNA (voix off)
Oui, oncle Jo, j'ai bien essayé.

JOËL
Elle n'écoute jamais ses messages…, ça, je le sais !

SHAUNA (voix off)

Oncle Jo…, je suis inquiète… Mitch est avec nous…, ils avaient rendez-vous pour planifier le souper de demain.

JOËL
Moi aussi, je suis inquiet… Mais, peut-être qu'elle est passée chez un autre ami…

SHAUNA (voix off)
Oncle Jo, nous sommes tous ici…, à l'attendre.

ABERLINE
Voilà ce qui arrive quand on laisse trop de liberté à une enfant comme tu le fais…, Joël !

JOËL
Je vois…, peut-être que l'autobus a un retard…

ABERLINE
Tu aurais dû l'accompagner…, Joël Trudel !

JOËL
Berline…, s'il te plaît, calme-toi !

ABERLINE
Passe-moi le téléphone…

JOËL
Shauna patiente un instant…, ma femme veut te parler…

SHAUNA (voix off)
Ah…, OK…

ABERLINE

Dis-moi, Shauna, tu dis que le petit con est avec vous ?

SHAUNA (voix off)
Quel petit con, tante Aberline ?

ABERLINE
Tu sais très bien de qui je veux parler ! Il doit savoir où est ma fille !

SHAUNA (voix off)
Tante Aberline…, il n'en sait pas plus que nous… il faut garder la tête froide, je crois…

ABERLINE
Vous avec vos sorties de fous… et c'est à moi de me calmer ? Passe-le moi, donc !

SHAUNA (voix off)
Il vient de se déplacer, tante Aberline… Je ne crois pas que ce soit une bonne idée de le *blaster*… là, maintenant.

JOËL
Berline, redonne-moi le téléphone, s'il te plaît…

ABERLINE (éclatant en sanglots)
Oh, mon Dieu ! Que vais-je devenir sans ma fille ?

SHAUNA (voix off)
Oncle Jo, tu es là ?

JOËL
Oui…oui…, je réfléchis…ce n'est pas dans ses habitudes de ne pas donner signe de vie…

SHAUNA (voix off)

Oncle Jo… tante Aberline est-elle encore à proximité ?

JOËL

Ma femme…, oui… elle n'est pas loin…, pourquoi ?

SHAUNA (voix off)

Je ne sais quoi faire, oncle Jo… ce matin Maureen nous disait que tante Aberline lui a dit des choses pas très gentilles…

JOËL

Comme quoi ?

SHAUNA (voix off)

Qu'elle n'était pas assez belle… pas assez blanche…, etc.

JOËL

Maureen vous en a parlé ?

SHAUNA (voix off)

Oui, elle était vraiment contrariée et désespérée. Elle disait qu'elle se sentait rejetée et voulait disparaître… qu'elle voulait mourir. Samantha et moi, on en a été effrayées… on a très peur.

JOËL

Elle a utilisé ces mots-là…, disparaître, mourir…?

SHAUNA (voix off)

Oui…, il me semble… c'est vrai, Samantha… elle a dit ça, hein ?

JOËL

Shauna, tu peux raccrocher, je vais en débattre avec ma femme… gardez vos lignes ouvertes, OK ! Au cas où Maureen essaierait de vous joindre…

SHAUNA (voix off)
(mettant fin à la conversation)
Parfait, oncle Jo… on reste en contact.

JOËL

Merci, Shauna…

Joël dépose le combiné en jetant un bref coup d'œil à sa femme. Il se dirige vers le fond de la scène. Aberline lui emboîte le pas.

ABERLINE

Joël !

Il continue son chemin sans daigner lui répondre. Elle crie encore son nom. Il ne semble pas l'entendre. La femme abandonne sa tentative de l'aborder et finit par revenir sur ses pas. Elle se rassoit sur la causeuse en bambou et éclate en sanglots.

**FIN ACTE 4
SCÈNE 1
NOIR GRADUEL**

ACTE 4
SCÈNE 2

La lumière revient graduellement sur la scène. Aberline est agenouillée sur la causeuse. Joël est debout, une grande valise en mains.

ABERLINE

Joël Trudel…, le moment est vraiment mal choisi pour jouer à ce jeu-là !

JOËL

Berline, au contraire, le moment est venu pour moi de prendre un peu de recul…

ABERLINE

Maintenant ? Notre fille unique a disparu et tu fais tes valises… Félicitations !

JOËL

Ces deux éléments ne sont pas forcément liés, Berline…

ABERLINE

Comment oses-tu ?

JOËL

Je ne reconnais plus la femme que j'ai épousée …, tu m'ignores sur tous les points. Malgré tout, j'ai été patient… tu m'apprends que tu m'as utilisé pour résoudre tes problèmes identitaires…

ABERLINE

Mais, je t'aime, Joël !

JOËL

Je n'en doute pas…, mais à ta manière… Je pouvais tout endurer… même l'impensable…

ABERLINE

Que me reproches-tu donc encore ?

JOËL

Te rends-tu compte du mal que tu fais à ton frère et à tes sœurs ? À ta mère ? La famille souffre Berline!

ABERLINE

Mais, ses membres m'ignorent eux aussi…

JOËL

Penses-tu parfois à moi ? À Maureen… qui n'avons que toi ?

ABERLINE

Moi aussi, j'aimerais qu'on m'aime !

JOËL

Quelle manque de maturité… ton mal t'aveugle-t-il au point de vouloir tout détruire autour de toi ?

ABERLINE

Ça fait bien longtemps qu'on me détruit…, moi, à petit feu…

JOËL

Berline, vraiment, là j'en ai assez ! Comment as-tu osé dire de telles choses à ta propre fille ?

ABERLINE

Il faut qu'elle sache dans quel monde elle vit, afin de prendre ses précautions… tu vois j'avais raison !

JOËL

En quoi avais-tu raison ?

ABERLINE

Tu n'as pas encore compris, mon pauvre Joël…
sais-tu ce qu'ils font aux jeunes filles naïves ?

JOËL

Maureen n'est pas naïve, elle se sent rejetée par sa
mère, elle se cherche un point d'ancrage ailleurs
que dans les bras de celle qui devrait l'aimer
inconditionnellement…

ABERLINE

Mais, je l'aime, ma fille !

JOËL

Mais oui, assez pour lui baratiner qu'elle n'est pas
de la bonne couleur… Mais, qu'est-ce qui t'a prise ?
Tu es devenue folle ou quoi ?

ABERLINE

Joël Trudel ! Notre fille unique a disparu !

JOËL

Notre fille unique… dis-moi donc pourquoi
finalement nous n'avons qu'une fille unique ?
Redis-moi ça, Berline…

ABERLINE

Je ne sais pas…, je ne sais plus !

JOËL

Si, tu le sais ! Nous nous étions entendus sur le fait
que nous aurions trois enfants… Mais, la première

n'ayant pas satisfait tes attentes, tu as décidé unilatéralement de ne pas respecter ta parole.

ABERLINE

Arrête… elle est partie… qu'est-ce qu'on fait ?

JOËL

J'ai besoin de réfléchir… ailleurs qu'ici…

ABERLINE

Comment ça ? Tu choisis de t'éloigner alors que j'ai le plus besoin de toi, Joël !

JOËL

Moi aussi, j'ai besoin que quelqu'un m'écoute parfois, mais tu es trop souvent enfermée dans ta tour de haine… tu nous oublies.

ABERLINE

Où comptes-tu aller ?

JOËL

Où je puis respirer et repenser à mon rôle dans la vie…de ma femme et de ma fille !

ABERLINE

Joël, tu n'iras nulle part avant de m'avoir ramené ma fille ! Tu n'en as pas le droit !

JOËL

Aux dernières nouvelles, c'est toi qui lui as dit qu'elle n'est pas acceptée par sa propre mère… je te le signale.

ABERLINE

Je n'ai jamais utilisé ces mots-là ! Jamais !

JOËL

Tu sauras que dans tout ce qu'on exprime, il y a ce que l'autre capte, ce qu'il comprend, ce qu'il retient par rapport à son humeur au moment de la conversation… entre ces quatre variantes, il existe tout un monde de possibilités.

ABERLINE

Moi, je n'ai jamais prononcé ces mots !

JOËL

Il te reste à valider ce que moi j'ai compris et ce que notre fille a retenu de tes propos, Berline.

ABERLINE (se dirigeant vers le combiné)

Je ne peux plus rester là à t'écouter sans broncher… J'appelle la police !

JOËL

N'est-ce pas trop tôt…

ABERLINE

Comment ça, trop tôt ? Ça fait plusieurs heures qu'elle est partie d'ici… Shauna ne rappelle pas… ça veut dire qu'elle n'est toujours pas arrivée de leur côté…

JOËL

Je ne sais quoi te répondre…

ABERLINE (compose un numéro,
une voix off lui répond)

Service de police, comment puis-je vous aider…

ABERLINE

Bonsoir monsieur…

VOIX OFF

C'est une madame… comment puis-je vous aider ?

ABERLINE

Bonsoir madame… excusez-moi… j'appelle pour signaler la disparition de ma fille…

VOIX OFF

Une disparition…, elle a quel âge, cette enfant ?

ABERLINE

16 ans…

VOIX OFF

Elle a quitté la maison depuis quand ?

ABERLINE

Depuis plusieurs heures… depuis cet après-midi…

VOIX OFF

Depuis cet après-midi… vers quelle heure exactement ?

ABERLINE

Vers 14 heures…

VOIX OFF

A-t-elle un téléphone cellulaire en sa possession ? Avez-vous essayé de la joindre ?

ABERLINE (énervée)

Oui, madame…, elle avait rendez-vous avec ses cousins… elle n'est toujours pas arrivée…

VOIX OFF

Si ça fait juste une couple d'heures… on ne peut pas encore…

ABERLINE (élevant la voix)
Vous avez des enfants, vous ?

VOIX OFF
Madame… calmez-vous… je veux bien vous aider, mais arrêtez de crier, s'il vous plaît !

ABERLINE
Madame, je ne vous parle pas de beignes et de café…, mais de ma fille unique qui a disparu…

VOIX OFF
Êtes-vous seule à la maison, présentement ?

ABERLINE
Non…, mon mari est à la porte avec sa valise…

VOIX OFF
Pourrais-je lui dire deux mots ?

ABERLINE
Non…, il dit qu'il part réfléchir ailleurs !

JOËL (faisant signe à sa femme
de lui passer le téléphone, elle s'exécute)
Bonsoir, madame…

VOIX OFF
Sauriez-vous me dire un peu plus de ce qui se passe…votre femme semble plutôt inquiète…

JOËL

Oui…, euh non… notre fille devait rejoindre ses cousins pour une sortie, mais ils l'attendent encore…et ma femme…

VOIX OFF
Monsieur, ne bougez pas de la maison…, donnez-moi votre adresse, je vous envoie une patrouille…

JOËL
33, Croissant des œillères. Merci…, on attend avec impatience…

VOIX OFF
Ça ne sera pas long…, on arrive.

JOËL
Merci, madame… merci !

Joël raccroche. Sa femme revient à la charge.

ABERLINE
On ne dirait pas que tu es inquiet… pour un père dont la fille a disparu, Joël Trudel !

JOËL
Ça ne sert à rien de paniquer alors que Maureen est peut être déjà avec ses amis…

ABERLINE
Ou sous le Pont Jacques Cartier dans un sac en plastique… ou encore enfermée dans un appartement, droguée jusqu'aux os à servir d'esclave sexuelle… en compagnie d'inconnus.

JOËL

Mon Dieu, Aberline…tu ne vas pas un peu trop vite ?

ABERLINE

On voit bien que tu vis sur une autre planète… Tu n'écoutes pas les nouvelles ?

JOËL

Oui…, mais…

ABERLINE

Tous ces enfants qui s'évanouissent dans la nature… kidnappés par des réseaux de pédophiles… de trafics d'humains… de vente d'organes… Joël…, notre fille est en danger !

JOËL

C'est peut être une simple fugue pour te forcer à réfléchir aussi, Berline…

ABERLINE

Non ! Ne me mets pas encore ça sur le dos je t'en prie… je n'ai fait que lui dire la vérité…

JOËL

Ta vérité…, Berline… Ta vérité !

ABERLINE

C'est ma réalité et j'ai pour devoir de la protéger…

JOËL

Apparemment, ça n'a pas fonctionné… tu as manqué ton coup !

La sonnerie retentit. Joël se déplace vers la porte. Aberline en profite pour ajuster ses

manches et son col roulé. Deux policiers, portant des vêtements non réglementaires, pantalons vert-olive et t-shirt à manches courtes se présentent. Un homme de couleur et d'âge mur, accompagné d'une femme blanche, plus jeune. Joël les introduit à sa femme qui hésite à leur serrer la main. Les deux policiers se présentent.

LE POLICIER
Madame, monsieur, je suis le constable Berlus… voici ma collègue Andreotti…

JOËL
Bonsoir… Je suis Joël Trudel…

ABERLINE
Notre fille a disparu depuis cet après-midi…

LA POLICIÈRE
Oui…, c'est ce qu'on nous a fourni comme information…, mais vous savez, madame… une disparition…

ABERLINE
Je vous dis que notre fille a disparu…

LE POLICIER
D'habitude, il faut au moins 72 heures d'absence sans donner signe de vie pour parler de… disparition.

JOËL
Nous sommes au courant, monsieur…

ABERLINE

Tu ne comprends rien toi ? Dans soixante-douze heures elle sera sans doute rendue dans une autre province dans un bar de danseuses ou à l'autre bout du monde…

JOËL

Berline…, s'il te plaît…

LA POLICIÈRE

On va quand même prendre les informations… Avez-vous une pièce d'identité, monsieur ?…

JOËL (sortant un portefeuille
de sa poche de chemise)
Voilà, madame …

LA POLICIÈRE

Merci…, et vous madame…

ABERLINE
(se déplaçant vers le fond de la scène)
Bien sûr…, je suis aussi une citoyenne, non ? Attendez-moi…

Les deux policiers échangent un regard d'éton-nement. Joël fait semblant de ne rien voir.

JOËL

Excusez ma femme…, elle est inquiète…

LE POLICIER

On comprend… on est aussi des parents…

LA POLICIÈRE

Parle pour toi… À qui est cette valise proche de la porte ?

JOËL (un peu gêné)
Elle est à moi…

LE POLICIER
Vous partiez ?

JOËL (hésitant)
Euh… oui... non…

LA POLICIÈRE
Vous partiez, oui ou non ?

LE POLICIER
Vous alliez où ?

JOËL
J'ai eu une discussion avec ma femme…

LA POLICIÈRE
À quel propos ?

JOËL
C'est personnel… disons familial… au sujet de notre fille…

LE POLICIER
Votre fille est sortie, vous appelez la police… et vous quittez la maison…

LA POLICIÈRE
Drôle de timing… pour partir…

LE POLICIER
Hum… le moment serait mal choisi… monsieur… Trudel.

LA POLICIÈRE
Avez-vous une photo… récente de votre fille ?

JOËL
(se déplace vers le fond de la scène,
il croise sa femme qui en revient)
Oui…, oui, je vais vous en chercher une…

ABERLINE
(présentant ses pièces d'identité au policier)
Voici, j'en ai trois, choisissez celle qui vous
convient…

LA POLICIÈRE
(faisant un pas en avant pour récupérer les pièces
qu'Aberline tendait au policier)
Merci…

ABERLINE
Vous prenez notre déclaration, n'est-ce pas ?

LE POLICIER
Oui… oui…, les informations préliminaires… il est
encore tôt…

LA POLICIÈRE
Avez-vous d'autres enfants ici ?

**Joël revient avec la photo de Maureen. Les deux
époux répondant presque en même temps.**

JOËL
Non…, ma femme n'en voulait pas…

ABERLINE
Disons que… j'étais malade…

LE POLICIER

Hum… je vois…

ABERLINE

Notre fille avait rendez-vous avec ses cousins et un maudit petit blanc… bec.

JOËL

Ils avaient planifié une sortie entre jeunes ce soir…

ABERLINE

Je t'avais dit de mieux la surveiller…

LE POLICIER

C'est qui… le petit blanc-bec dont parle madame…?

JOËL

C'est le petit ami de notre fille…

ABERLINE

Arrête de l'appeler ainsi…, ma fille n'a pas de petit ami et je ne veux rien savoir des Blancs…

Les policiers échangent un bref regard.

JOËL (gêné)

Ne faites pas attention…, elle est un peu sous le choc…

POLICIER

C'est ce qu'il nous semble…donc, votre fille a un petit ami ? Où est-il présentement ?

JOËL

Il était avec les cousins de ma fille quand ils ont appelé pour dire qu'elle tardait à arriver…

ABERLINE
Je sais qu'il ne faut jamais faire confiance à ces gens-là…

LA POLICIÈRE
Quels gens ? Votre fille fréquentait des gens…peu recommandables, madame ? Est-elle membre d'un gang de rues ? A-t-elle des amis dealers de drogue ? A-t-elle déjà fugué… possède-t-elle une arme ?

ABERLINE
Mais oui, elle fréquente des gangs de rues parce qu'elle n'est pas Blanche ! Pourtant, ce petit con, lui, est Blanc, madame !

LE POLICIER
(regardant vers Joël discrètement)
Je vois…, mais vous savez, il existe des déviants dans toutes les races…

LA POLICIÈRE
Il s'appelle comment le petit ami... de votre fille ?

ABERLINE
Mitch…, c'est tout ce que j'en sais !

JOËL
Le jeune s'appelle Michel Marcotte, madame !

ABERLINE
Comment ça, tu connais son nom de famille ?

JOËL

C'est mon devoir..., il s'agit de l'ami de notre fille... notre fille unique !

ABERLINE

Je n'en reviens pas, Joël Trudel ! Tu m'as fait ça ?

JOËL

Je me suis informé sur le jeune homme qui est l'ami de ma fille, Berline...rien d'autre !

ABERLINE

Du n'importe quoi ! Invite-le donc à dîner avec sa famille tant qu'à y être !

JOËL

Ce ne serait pas une mauvaise idée..., au siècle du mieux vivre- ensemble... Excusez-nous...

LA POLICIÈRE

Je vous en prie, faites comme si nous n'étions pas là !

LE POLICIER

Avez-vous l'adresse du jeune homme en question ? Son numéro de téléphone à la maison ? A-t-il un cellulaire ?

ABERLINE

(retient son souffle pendant que Joël sort une carte d'affaires de son portefeuille)
Ne me dis pas que... Ben voyons, Joël Trudel !

JOËL

Oui, ma chérie... j'ai même sa carte d'affaires... Savais-tu qu'il est programmeur analyste et... maître-électricien ?

ABERLINE
(se déplace brusquement et va
se tenir à l'autre bout de la pièce)
Joël… on doit se parler…

JOËL

Je crois bien que oui…

LE POLICIER
(remettant les pièces d'identité à Joël)
Bon… On y va… nous reprendrons contact avec vous dans vingt-quatre heures pour savoir… ce qui se passera entre-temps…

JOËL

Merci beaucoup… on s'informe auprès des autres membres de la famille…

ABERLINE

Mais, il faut donner l'alerte Amber tout de suite ! Vous êtes payés avec mes taxes. Alors, rendez vous utiles !

LA POLICIÈRE

Parfait monsieur…, madame… bonsoir…

JOËL

Excusez ma femme, je vous prie… elle est un peu… fatiguée…

LE POLICIER

On comprend… (baissant la voix) ce ne serait peut-être pas le meilleur moment pour quitter votre foyer, monsieur…

LA POLICIÈRE

Attendez que toute cette situation soit réglée!
Attendez au moins le retour de votre fille.

JOËL
Je vous remercie…, monsieur, madame. Bonsoir !

ABERLINE
(venant se placer face à la jeune policière blanche)

S'il arrive quoi que ce soit à ma fille, je vous
tiendrai pour responsable et je vous poursuivrai en
justice pour négligence… criminelle !

LE POLICIER
Je suis désolé.

ABERLINE
Vous êtes ridicules en costume de camouflage…
Oser faire la grève avec de tels salaires payés par
mes taxes…! Vous, *la minorité visible*, estimez-
vous heureux d'avoir un emploi…avec le taux de
chômage qui sévit au sein de la communauté.

**FIN ACTE 4
SCÈNE 2
FERMETURE DES RIDEAUX**

ACTE 5
SCÈNE 1

Les rideaux s'ouvrent sur Joël, allongé sur une chaise longue dans le gazebo, le dos appuyé sur des oreillers. Il fait encore nuit. La scène baigne dans une lumière diffuse. La valise est encore appuyée contre le mur. Joël termine une conversation téléphonique. Maureen vient de l'appeler.

MAUREEN (voix off)
Papa…, chut ! Tu ne dis rien…

JOËL
Maureen, où es-tu ? Ta mère a appelé la police…, ils ont les coordonnées de Mitch…, désolé…

MAUREEN (voix off)
Papa, je te parle…, ça veut dire que je suis en vie… et en santé…Mitch n'a rien à voir avec ce qui se passe…

JOËL
Mais où es-tu ? Pourquoi tout ce mystère ?

MAUREEN (voix off)
Papa…, je vais bien…, mais je ne rentrerai pas… disons… j'ai besoin de réfléchir…

JOËL
Est-ce que… Maureen, tu es mineure… la police… ta mère…

MAUREEN (voix off)

Papa écoute-moi, je vais bien, calme-toi…, mais tu ne dis pas un mot à maman… Va dormir, on se verra demain soir chez tante Andréa.

JOËL

Tu es sûre que tout va bien, ma chérie ? Veux-tu que je vienne te chercher ? Tu es où là, exactement ?

MAUREEN

Papa…, va te reposer s'il te plaît… je voulais juste te rassurer ! On se voit demain soir… Je t'aime !

Joël raccroche, il enfouit sa tête entre deux oreillers et ne bouge plus. Quelques instants plus tard, on voit se dessiner sur le mur, descendant l'escalier, l'ombre d'Aberline. Elle porte une longue robe un peu décolletée. Elle avance doucement et vient s'assoir au pied de son mari. Ce dernier reste immobile. Il semble dormir. La femme appuie sa tête doucement sur la main de son conjoint. Elle sanglote en murmurant :

ABERLINE

Joël…, Joël… j'ai peur… j'ai mal… aide-moi s'il te plaît ! Tu dors ?

Elle se relève un peu, s'appuyant sur le rebord de la chaise, rapproche son visage de celui de son mari pour s'assurer que celui-ci est bien endormi. Elle reprend sa pose initiale et continue son monologue.

ABERLINE

Je t'en prie, ne pars pas… ne me laisse pas seule dans la tourmente… on doit retrouver notre fille…

je ne saurais le faire sans toi… J'ai besoin de ton calme, de ta sérénité pour survivre à mon propre chaos… tu es le revers de mon vacarme intérieur. Si tu savais comme je m'estime chanceuse de t'avoir choisi… merci, mon amour ! Tu es ma forteresse… mon rempart contre la méchanceté du monde ! Qui d'autre que toi aurait pu endurer mes frasques pendant de si nombreuses années ?

Elle lui prend la main et y dépose un baiser.

ABERLINE

Je déteste ce père blanc qui m'a abandonnée sans laisser de traces, mais toi tu as été là pour le remplacer… tu es un papa merveilleux pour notre fille… (sanglots). Je regrette d'avoir agi sans toi… je regrette de ne pas avoir respecté ma parole de fonder avec toi cette famille dont nous avions tellement discuté… je te jure je voulais aussi trois enfants… trois beaux enfants de toi… j'ai eu trop mal, j'ai encore trop de mal à m'adapter, à trouver ma place dans cette société aux demi-teintes… je ne voulais pas infliger ça à nos enfants… je m'excuse… si tu savais comme j'ai mal…, Joël … je ne veux pas perdre notre fille, c'est ma seule famille…Elle et toi, vous êtes tout ce que j'ai … Je ne survivrais pas s'il lui arrivait malheur…

Aberline se rassoit sur le sol, le front posé sur le plancher.

Si tu savais le nombre de fois où j'ai eu envie d'en finir avec la vie, mais je me suis accrochée à toi, à notre fille pour ne pas sombrer… Mon Dieu, aidez-moi… Ne leur laissez pas le droit de ma la retirer, j'en mourrais ! Comment arrivent-ils à survivre, ces parents dont l'enfant disparaît pour ne plus jamais revenir… Chaque anniversaire, chaque fête de famille, chaque petit souvenir…! Ça doit être dur de vivre avec sa voix qui résonne… son image figée dans le temps à l'âge qu'il avait le jour de sa disparition… c'est surhumain!

Elle tape le plancher des poings et continue son monologue :

ABERLINE

Qu'est-ce qui m'a pris de parler de ces choses-là… depuis seize ans je les gardais enfouies au fond de ma douleur… Pardon Joël, pardon… pardon… Maureen, maintenant que j'ignore où et avec qui tu es… Oh mon Dieu ! Qu'ai-je fait ? Joël, s'il te plaît, aide-moi… Si tu savais comme ils me manquent parfois, les cris, les rires de ces enfants que nous n'avons pas eus… dont je n'ai pas voulus… Qu'ai-je fait ? Où se trouve notre fille… il fait nuit… Est-ce qu'elle a peur ? Est-elle encore en vie ? J'ai tout détruit autour de moi…, ma vie ne vaut plus rien.

Aberline se lève et se met à faire les cent pas. Puis, elle revient se placer encore une fois devant la chaise longue où son mari est allongé.

ABERLINE

Je donnerais tout maintenant pour avoir d'autres enfants ! Maman Aline disait qu'avoir un seul enfant c'est un pari contre le diable… je viens de comprendre. S'il arrive un malheur… c'est le grand vide… et si on essayait… non… ça fait trop longtemps que je porte ces bagues à mes trompes… tu vois… je divague… C'est sans doute trop tard…

J'ai quarante ans… Maureen où es-tu mon bébé ?
J'ai peur, Joël, j'ai peur !

Joël bouge, se retourne et répond à Aberline.

JOËL
Viens là, ma chérie, viens, pose ta tête sur mon
épaule comme tu le faisais par le passé…

ABERLINE (surprise)
Oh, Joël, tu ne dormais donc pas ?

JOËL
Bien sûr que je dormais…, disons que je m'étais
assoupi…, mais ton palabre m'a réveillé…

ABERLINE
Tu m'as entendue, Joël ?

JOËL
Oui…, je t'ai entendue… j'ai surtout compris que tu
es fatiguée… que tu as peur… que tu aurais aimé
entendre plus de rires d'enfants dans la maison… et
aussi que tu sembles avoir assez des bagues qui
retiennent tes entrailles fermées… à nos effluves
d'amour et nos rêves de parents.

ABERLINE
Mon Dieu…, tu ne dormais vraiment pas, alors ?

JOËL
Alors ? J'ai aussi entendu que tu te posais des
questions sur ton âge… serais-tu en train de
réfléchir sur la possibilité…

ABERLINE

Quelle possibilité ?

JOËL

De les enlever… tes bagues aux trompes comme tu les appelles… Moi aussi je voudrais entendre d'autres cris d'enfants dans la maison…

ABERLINE

Le moment est mal choisi, Joël…

JOËL

Comme tu voudras, mon amour… comme tu voudras…je sais que tu as mal.

ABERLINE

Et si Maureen ne revient pas… qu'allons-nous faire?

JOËL

Aie confiance… elle reviendra…

ABERLINE

Son silence m'est insupportable…

JOËL

Va donc te reposer… je me fais une tisane et je te rejoins. En veux-tu une tasse ?

ABERLINE

Je ne suis pas certaine de pouvoir avaler quoi que ce soit…

JOËL

Alors…, à tout de suite… Ça va bien aller…

ABERLINE

Comment peux-tu être aussi calme ?

JOËL

Il faut bien que l'un de nous deux le soit, non…

ABERLINE

La police n'a pas rappelé ?

JOËL

Arrête de t'inquiéter… elle va bien.

ABERLINE

La police l'a retrouvée ?

JOËL

Non…, rien de tel… Maureen va bien…

ABERLINE

Tu sembles savoir où elle est… On va la chercher tout de suite…

JOËL

Elle a appelé, mais j'ignore où elle se trouve…

ABERLINE

Mais, comment as-tu pu la laisser t'échapper avant d'avoir pu localiser sa position ?

JOËL

Je crois qu'elle a bien fait d'appeler… pour nous rassurer…

ABERLINE

Je ne veux pas qu'on touche à ma fille ! On appelle la police et on va la chercher…

JOËL

Je ne saurais pas où la trouver…

ABERLINE

Avec son cellulaire ils sont capables de la localiser par GPS, Joël… rappelle la police…

JOËL

Ce ne serait pas une bonne idée… elle dit avoir besoin de réfléchir… elle rappellera, Berline…elle rappellera….

ABERLINE

Comment peux-tu être aussi calme, Joël Trudel ?

JOËL

Ben…, je suis ainsi fait…

ABERLINE

Heureusement…

JOËL

Elle a dit qu'on se verrait demain…, mais je ne t'en ai rien dit…

ABERLINE

Je suis sa mère et c'est toi qu'elle appelle ?

JOËL

Ça…, je n'en sais rien ! Monte te reposer…, j'arrive !

ABERLINE (quitte la scène)

Je suis tellement en colère !

Joël en profite pour recomposer le numéro de sa fille.

JOËL

Maureen, ça va ?

MAUREEN (voix off)

Oui papa, ça va… tu devrais dormir…on se verra demain…

JOËL

J'ai dit à ta mère que tu vas bien… elle est très inquiète…

MAUREEN

Tu m'avais promis de ne rien lui dire, papa…

JOËL

Oui…, je sais.., je m'excuse. Il me fallait la rassurer.

MAUREEN

Ça, c'est totalement toi…, va dormir papa !

JOËL

Bonne nuit, Maureen ! Tu es où ?

MAUREEN

Je suis en sécurité ne t'en fais pas…, à demain papa.

JOËL

OK. Tu me promets de rappeler demain matin ?

MAUREEN

Oui, je te le promets… bonne nuit !

JOËL
Bonne nuit, ma chouette… Je t'aime !

MAUREEN
Je t'aime aussi, papa.

On voit l'ombre d'Aberline qui se dessine sur le mur, remontant l'escalier.

**FIN ACTE 5
SCÈNE 1
FERMETURE DES RIDEAUX**

ACTE 6
SCÈNE 1

On est dimanche matin, le souper d'anniversaire de grand-maman Aline est prévu au restaurant d'Andréa. Aberline et Joël viennent de vivre une longue nuit. Maureen a rappelé son père pour le rassurer, elle est en sécurité sans dire pour autant où elle se trouve. Aberline n'a toujours pas décidé d'assister au souper. Son conjoint a prévu d'y aller, accompagné de leur fille. Le couple est attablé et prend un déjeuner.

JOËL
Sais-tu que Maureen a appelé hier soir ?

ABERLINE
Oui…, tu me l'avais dit… et…

JOËL
Je l'ai rappelée avant de monter me coucher…

ABERLINE
Je le sais ! Je t'ai entendu… Peux-tu finalement me dire où est ma fille, Joël ?

JOËL
Oui, je te le dirais si je le savais moi-même !

ABERLINE
Tu me prends vraiment… pour une idiote, n'est-ce pas ?

JOËL
Non, je te prends pour une femme fatiguée, une mère inquiète qui se fait des idées… sombres.

ABERLINE

Tu veux me faire croire que Maureen t'a parlé à deux reprises et que tu ne lui as même pas demandé où elle se trouve ?

JOËL

C'est pourtant la vérité… J'apprécie le fait qu'elle ait appelé pour nous rassurer… Autrement, la nuit d'hier aurait été infernale… n'ayant pas su ce qui lui était arrivé…

ABERLINE

Elle l'a été pour moi… c'est la première fois qu'elle découche…

JOËL

Je n'allais quand même pas la contrarier… en lui mettant de la pression…

ABERLINE

Tu lui passes tous ses caprices…

JOËL

Je ne le dirais pas ainsi… Il faut quand même qu'elle puisse parler à quelqu'un !

ABERLINE

Je vois… encore de ma faute…

JOËL

Je n'ai rien dit de tel… Si c'est moi qu'elle a appelé, il doit y avoir une bonne raison.

ABERLINE

Ben oui ! J'imagine !

JOËL

C'est ça… Ce n'est quand même pas moi qui l'ai mise dans tous ses états…

ABERLINE

Vas-y donc pour la flagellation !

JOËL

Il faudra un jour que tu te décides à faire face à la réalité et que tu mettes des mots sur ta douleur afin de l'exorciser. Autrement, tu n'avanceras ni ne reculeras…et en faisant du sur-place…

ABERLINE

Je le sais… je creuserai un grand vide sous mes pas…et je m'y enfoncerai…Encore faut-il que les mots existent pour traduire ce que je vis…

JOËL

Pourtant, il existe un mot pour chaque chose…tu dois recommencer à vivre.

ABERLINE

Moi, je ne vis pas… j'ai dû exister… il fut un temps.

JOËL

Chacun de nous détient la clé de son bonheur ou de son malheur… On ne confie jamais celle-ci à quelqu'un d'autre…

ABERLINE

Oui…, belle théorie, mon ami !

JOËL

Ce n'est pas qu'une théorie, il nous faut savoir où placer nos priorités, ne pas le faire c'est la cause de tous nos maux…

ABERLINE

Ah bon ?

JOËL

Définitivement ! Dans la vie, il y a ce qu'on désire, ce qu'on veut et ce dont on a besoin… tout amalgame, en ce sens, nous perd…

ABERLINE

N'est-ce pas un peu sadique de devoir choisir entre ce qu'on aime et ce dont on a besoin ?

JOËL

À dix-huit ou vingt ans… on peut se permettre certaines fantaisies, mais à un moment de la vie, ça peut se révéler laborieux voire, douloureux, il faut savoir remettre les priorités à la bonne place.

ABERLINE

C'est bien ennuyeux pour l'humain lambda…

JOËL

J'en conviens…, mais c'est une réalité.

ABERLINE

Dure réalité… Mardi prochain, je retourne au travail… et je déteste cet environnement !

JOËL

Ce n'est pas nouveau, ça…

ABERLINE

N'était-ce pour sortir de ces murs, je m'en passerais volontiers…

JOËL

Tu ne mettrais pas très longtemps à t'ennuyer.

ABERLINE

Tu as peut-être raison… Je ne sais plus où est ma place. Dis-moi…

JOËL

Oui…

ABERLINE

Maureen t'a dit quand… elle comptait rentrer ?

JOËL

Oui…, elle sera au souper de grand-maman Aline ce soir… j'imagine qu'elle rentre avec nous… après.

ABERLINE

Je vois…

JOËL

Je dois passer voir Éric avant la fin de la journée. Nous avons des détails à régler…

ABERLINE

Éric ? Un dimanche ?

JOËL

Tu connais ton frère…

ABERLINE

Il s'est encore mis les pieds dans les plats avec Lucie…

JOËL

Apparemment oui…, et il a besoin d'un petit *boost*… pour raccommoder les choses avant ce soir.

ABERLINE

Tous pareils ! Des casseurs incapables de mettre trois pièces de lego ensemble.

JOËL

Que veux-tu…

ABERLINE

Ce que je veux ? Qu'Éric se souvienne de temps en temps qu'il a une femme et deux enfants !

JOËL

Tu n'as toujours pas décidé si tu viens au souper ou pas ?

ABERLINE

Non…, surtout pas après l'événement d'hier soir… Je vais tous les avoir sur le dos… Maureen leur a sûrement raconté…

JOËL

Ah ! Tu viens de te trouver une autre excuse…

ABERLINE

Je savais que tu allais encore m'accuser.

JOËL

Avoue que tu découragerais un moine, toi !

ABERLINE

Je ne peux m'attendre à aucun support de ma famille… ma fille qui fugue, toi qui mets en doute mes propos… je suis donc bien encadrée !

JOËL (se levant de table)

Excuse-moi, ma chérie… il s'agit du souper d'anniversaire de *ta* mère et non de la mienne… Personne ne devrait te forcer à y aller… On en discute depuis un mois.

ABERLINE

Un jour peut-être… tu comprendras…

JOËL

Si tu savais à quel point j'attends ce jour-là !

ABERLINE

Ne perds pas patience… il finira par arriver… si tu le désires assez fort.

ABERLINE

La patience porte toujours fruits.

JOËL

C'est ce qu'on dit ! Je me prépare pour aller chez Éric…

ABERLINE

Joël…, crois-tu qu'elle répondra si je l'appelle ?

JOËL

Je ne saurais te le dire…

ABERLINE

Devrais-je ? Ça dure quand même depuis hier soir…

JOËL

On dit que la nuit porte conseil, peut-être que le miracle s'est produit pour vous deux… durant ce laps de temps…

ABERLINE

J'ignore comment elle réagira si je l'appelle pour lui dire…

JOËL

Appelle-la donc… pour lui dire…

ABERLINE

Je ne sais pas… quoi lui dire…

JOËL

Moi non plus. Vois-tu… Je ne sais presque plus quoi dire sur bien des choses…

ABERLINE

Tu sors maintenant ?

JOËL

Plus ou moins… et puisque je passerai un bon moment chez Éric… je ne reviendrai pas à la maison… nous irons directement chez Andréa…

ABERLINE

Tu parleras à Maureen avant ce soir ?

JOËL

J'attendrai qu'elle me fasse signe…

ABERLINE
Tu lui diras… que… je l'aime.

JOËL
Je n'y manquerai pas, ma chérie !

ABERLINE
Et que j'attends qu'elle revienne pour lui parler…
s'il te plaît…

JOËL (quittant la scène)
Je n'y manquerai pas ma chérie ! Tu n'as aucun
message pour ta mère Aberline ?

ABERLINE
Joël Trudel, arrête je t'en supplie !

**Aberline fait un pas en direction de son mari,
mais se ravise. En passant, elle prend une photo
de Maureen qui se trouvait sur une table basse et
retourne s'assoir sur la causeuse en bambou.
Silence.**

**FIN ACTE 6
SCÈNE 1
NOIR GRADUEL**

ACTE 6
SCÈNE 2

Chez Aberline, la situation s'est quelque peu modifiée. Son mari a quitté la scène pour aller se préparer. Il a rendez-vous avec Éric. Ensemble, les deux hommes se rendront au souper d'anniversaire de grand-maman Aline. Aberline décide subitement d'aller au souper de sa mère. Elle tourne en rond, s'énerve. Elle essaie de joindre sa fille au téléphone, puis sa sœur Marylise pour annoncer qu'elle a changé d'idée mais personne ne répond.

ABERLINE

Merde ! Merde et merde ! Fallait bien que ça m'arrive ! Regardez-moi ma robe maintenant ! Même si je voulais y aller, je n'ai aucun moyen de transport, Joël s'en va chez Éric !

Elle se regarde dans le miroir et se fait une grimace.

ABERLINE

Ma face est toute défaite, j'ai vieilli, en plus ! De quoi ai-je l'air ?

Elle a un rire de démence.

ABERLINE

Je ne sais pas, je ne sais plus de quoi ou plutôt de qui ai-je l'air et ça date de très longtemps ! Aberline, ma chère, tu devrais t'habituer à l'idée de vivre coincée là-dedans ! (touchant la peau de son avant-bras, elle fait une pirouette devant le miroir et continue son monologue) :

ABERLINE

Eh oui, ma grande fille, tu dois apprendre à être blanche ou noire, sans oublier l'accent... ou pire encore, les deux en même temps..., tiens ! Maudit mélange ! Mais, diable, où sont-ils passés ?

Elle se déplace et reprend le combiné, compose le numéro de Maureen, sans succès. Elle s'énerve de plus en plus.

ABERLINE

Mais, raccroche, Maureen ! Avec qui peut-elle bien converser autant ? C'est évident qu'elle ne veut pas me parler... Il faut quand même qu'ils sachent que j'ai changé d'avis pour ce soir.

Elle essaie encore d'appeler, personne ne répond.

ABERLINE

Allez, Maureen, je m'excuse..., réponds ! J'ai besoin de toi, moi !

Elle s'assoit découragée en maugréant. Elle décide de rappeler chez Marylise, pas de réponse là non plus.

ABERLINE

Mon Dieu, on voit bien que tout le monde est très occupé aujourd'hui, on m'oublie, comme d'habitude !

Elle continue son monologue en répétant qu'elle refuse d'appeler Andréa. Elle compose le numéro de son frère Éric, aucune réponse. Elle s'y rendra seule ! Une mauvaise surprise pour

tous… Tant pis. Elle émet des réflexions à voix haute

ABERLINE

Ils sont tous déjà ensemble en famille là-bas ! Merde ! Ben, j'y vais sans les avertir ! Ils me mettront à la porte s'ils le veulent ! Enfin, Merde ! C'est aussi ma mère !

Joël revient sur la scène, fin prêt pour le souper. Il revêt une chemise à manches longues, un pantalon brun assorti à un veston posé sur son avant-bras gauche.

JOËL

Que se passe-t-il encore ?

ABERLINE

J'ai finalement décidé d'y aller, mais…

JOËL

Tiens, tiens ! Tu vois, il ne faut jamais désespérer…

ABERLINE

Moque-toi donc de moi ! J'essaie de joindre Marylise… même Maureen… personne ne répond.

JOËL

Pas de panique ! Tu as encore le reste de la journée pour leur annoncer la bonne nouvelle ! Moi, je m'en vais. Bon après-midi, mon amour !

ABERLINE

On voit bien que tu te fous de moi !

JOËL (ton enjoué)

Qu'est-ce qui justifie de telles accusations Berline ?

ABERLINE

Le ton sur lequel tu me parles, Joël Trudel !

JOËL

Berline, tu dois apprendre à assumer les conséquences de tes actes… tu nous fais tourner en bourrique depuis plusieurs jours avec tes histoires… Tu veux, tu ne veux pas…À un certain moment… on a le droit de s'en fatiguer.

ABERLINE

Mais, dis-le donc que je vous emmerde !

JOËL

Est-ce ton ressenti Berline ? Si oui, on en reparlera ce soir… en présence de Maureen.

ABERLINE

Encore faudra-t-il qu'elle revienne…

JOËL

Et qu'elle veuille bien nous parler…

ABERLINE

Avec toi, elle acceptera sans doute de communiquer…, quant à moi… c'est une autre histoire.

JOËL

Hum… disons que ça te concerne. Bon…, cette fois-ci, je pars !

ABERLINE

C'est bien…, continue à fuir…!

JOËL
Assume ! Berline, assume !

FIN ACTE 6
SCÈNE 2
FERMETURE DES RIDEAUX

ACTE 7
SCÈNE 1

Les rideaux s'ouvrent sur Aberline. Elle arrive de l'intérieur, descendant l'escalier vers son gazebo. C'est le soir du souper d'anniversaire. Elle porte une magnifique robe couleur fuchsia à longues manches et col roulé, un collier de perles noires, un bracelet et des boucles d'oreilles assorties, des chaussures à talons hauts. Ses cheveux sont noués d'un turban nuancé fuchsia et noir. Elle s'assoit, se croise les jambes, prend l'appareil téléphonique, compose un numéro. Elle appelle un taxi.

ABERLINE

Bonsoir, pourrais-je avoir un taxi s'il vous plaît au 33 Croissant des œillères ?

VOIX OFF

Oui…, certainement, madame…, mais le temps d'attente est de 45 minutes environ …

ABERLINE

Quarante-cinq minutes ? C'est trop long !

VOIX OFF

Madame, c'est le mieux qu'on puisse faire présentement, on a beaucoup d'appels ce soir…, désolée.

ABERLINE

Mettez-moi en priorité…

VOIX OFF

Certainement, madame… on vous rappelle aussitôt qu'un chauffeur sera disponible…

Aberline dépose le combiné. Quelques secondes plus tard, le téléphone sonne. Elle décroche. C'est Maureen à l'appareil.

MAUREEN (voix off)
Maman…, que se passe-t-il ? J'ai vu le numéro de la maison…

ABERLINE
Maureen…, où es-tu, ma chérie ? Je suis inquiète… J'ai essayé de vous joindre ton père et toi, mais personne ne répondait… Vous êtes très occupés ?

MAUREEN (voix off)
On fait la coordination avec les cousins pour ce soir…

ABERLINE
Où est ton père ?

MAUREEN (voix off)
Papa est avec oncle Éric… ils arrivent bientôt… on est tous là, mais il y a un petit problème, maman…

ABERLINE
Quoi encore ? J'espère que vous ne me mettrez pas ça sur le dos une fois de plus…

MAUREEN (voix off)
Non, maman… non… nous aussi on est inquiets…

ABERLINE
Maureen, parle-moi… est-ce Marylise ?

MAUREEN (voix off)

Tante Marylise est très contrariée depuis hier… et dans son état, ça n'aide pas, maman…

ABERLINE
Pourquoi l'avais-tu appelée ? Enfin, dis-moi…que se passe-t-il encore ? Ils t'ont frappée ?

MAUREEN (voix off)
Non maman, personne ne m'a frappée ! C'est grand-maman Aline…

ABERLINE
Que se passe-t-il avec maman Aline ? Fallait que ça arrive aujourd'hui en plus !

MAUREEN (voix off)
Maman… pas de catastrophe… enfin on n'en sait rien encore… elle est absente…sortie…partie…

ABERLINE
Qui est sortie ? Grand-maman Aline ? Elle est rendue où ?

MAUREEN (voix off)
Tu te souviens, elle avait promis une surprise pour ce soir…

ABERLINE
Oui…, et puis, elle est sortie seule ?

MAUREEN (voix off)
Oui…, apparemment elle serait allée chercher son invité…

ABERLINE

Parce que sa surprise… c'est un invité ! On le connaît ?

MAUREEN (voix off)
C'est une surprise de grand-maman… une surprise… on n'est pas supposé savoir…

ABERLINE
De mieux en mieux… et justement ce soir… Mon Dieu, faites qu'elle ne soit pas tombée sur un malade mental de l'Internet !

MAUREEN (voix off)
Mais non, maman, enfin peut-être…, on n'en sait rien !

ABERLINE
Et pendant ce temps, je suis coincée ici ! Je ne fais définitivement pas partie de cette famille !

MAUREEN (voix off)
Maman…, s'il te plaît, peux-tu penser un instant aux autres… nous sommes tous très anxieux…

ABERLINE
Bien sûr, que je le suis aussi pour ma mère… sortie rencontrer un étranger…

MAUREEN (voix off)
Un étranger pour nous maman… pas forcément pour elle…

ABERLINE
Quelqu'un a pensé prévenir la police au moins ?

MAUREEN (voix off)

Non, on n'est pas encore rendu au point où il faut prévenir la police quand même !

ABERLINE
Mais, elle est partie avec quelqu'un que personne ne connaît… avec tous ces détraqués qui sillonnent les rues…

MAUREEN (voix off)
Grand-maman est capable de se défendre !

ABERLINE
Ça dépend contre quoi… disons plutôt contre qui…

MAUREEN (voix off)
On se croise les doigts… qu'elle revienne au plus vite.

ABERLINE
Et pas en pièces détachées… je veux dire… en santé…

MAUREEN (voix off)
Maman…, tu es lugubre des fois !

ABERLINE
Les gens sont méchants dans ce pays !

MAUREEN (voix off)
Maman… on attend… et pourquoi tu voulais nous joindre papa et moi ?

ABERLINE
J'ai changé d'avis concernant ma participation à cette surprise-partie… et je voulais que quelqu'un… disons… que ton père vienne me chercher…

MAUREEN (voix off)
Ce sera assez difficile… papa est avec oncle Éric et tante Lucie. Oncle Serge et tante Marylise sont presque à la porte… Je suis déjà chez tante Andréa… avec Shauna. Si papa doit venir te chercher, ce sera plus tard, peut-être…

ABERLINE
Je vois…, ton père était pressé d'aller jouer au conseiller conjugal chez Lucie…

MAUREEN (voix off)
Maman…, *I'm out* de ce discours ! Ce n'est pas très gentil pour papa…

ABERLINE
Tu vois…, tu es toujours de son côté.

MAUREEN (voix off)
Je ne suis du côté de personne, maman… des fois je trouve que tu exagères…

ABERLINE
Je vois… Je m'excuse Maureen…

MAUREEN (voix off)
N'oublie pas que c'est toi qui avais décidé de t'abstenir de venir au souper… Tu es même tombée malade, maman !

ABERLINE
Je ne veux pas revenir sur le sujet… tu n'as rien à me dire ? Surtout pas d'excuses pour ce que tu m'as fait vivre hier… la police est venue…

MAUREEN (voix off)

C'est toi qui l'as appelée, maman…

ABERLINE

Tu ne t'excuses même pas ?

MAUREEN

Non, maman… pas pour le moment. Tu viens finalement ?

ABERLINE

J'ai déjà appelé un taxi. Je vais me débrouiller… seule.

MAUREEN (voix off)

J'annonce la bonne nouvelle aux autres. Cool !

ABERLINE

Et si tu me laissais l'effet de surprise…

MAUREEN (voix off)

Je pense que c'est mieux que tante Marylise le sache… tu l'avais vraiment contrariée hier.

ABERLINE

À ce point-là ?

MAUREEN (voix off)

N'oublie pas qu'elle est fragile. Elle est malade, maman…il faut la protéger.

ABERLINE

Je vois…on la croit elle, sa maladie est réelle et pas la mienne !

MAUREEN (voix off)

Il n'y a aucune comparaison, maman, tu t'amuses, alors qu'elle a un cancer aux effets plutôt fulgurants…

ABERLINE
C'est vrai…, ça fait un moment que je ne l'ai pas vue…

MAUREEN (voix off)
Si la tendance se maintient… tu la verras dans peu de temps.

ABERLINE
Ah, la sonnerie de la porte !

MAUREEN (voix off)
Tu attendais de la visite ?

ABERLINE
Le taxi sans doute…, ils m'avaient promis de me rappeler pourtant… à bientôt Maureen…

MAUREEN (voix off)
Parfait, maman… on se voit plus tard…

Aberline raccroche et se dirige vers la porte d'entrée.

**FIN ACTE 7
SCÈNE 1
NOIR GRADUEL**

ACTE 7
SCÈNE 2

La lumière revient progressivement sur la scène. Maman Aline est en tête de file, suivie par un homme blanc aux cheveux poivre et sel et une femme de race noire dans la soixantaine. Aberline semble sous le choc. Elle eut un haut-le-corps et invite ces gens à entrer en bredouillant.

ABERLINE

Bonsoir… maman… que fais-tu ici ? On te cherche…

MAMAN ALINE
(en s'approchant pour l'embrasser)
Bonsoir, ma belle fille… Je sais que tu n'espérais pas ma visite… ici et à cette heure…

ABERLINE

Vraiment, non… on est tous attendus chez Andréa… pour ton souper.

MAMAN ALINE

Je sais, je sais… Je vais être un peu en retard… toi aussi, d'ailleurs.

ABERLINE

Ah, je vois ! Tu as parlé à Joël et à Marylise… Je n'ai pas de moyen de transport… J'ai dû appeler un taxi.

MAMAN ALINE

Oui…, je sais… Je sais aussi que tu ne souhaitais pas venir au souper…

ABERLINE
Je ne me sentais pas bien... depuis hier..., mais maintenant ça va mieux ce n'était pas nécessaire de te déranger, maman...

MAMAN ALINE
Est-ce qu'on peut s'asseoir..., Berline ? Je te présente mes amis... Maude... et...

MAUDE
Bonsoir Berthe, je suis contente de te revoir...

ABERLINE
(hésitante et dévisageant la visiteuse)
Bonsoir..., madame... Maude...

ABERLINE
Maude... Maude... on s'est déjà vues ?

MAMAN ALINE
(s'adressant à ses amis)
Asseyons-nous... Ah ! Robert, présente-toi donc...

L'homme qui assistait silencieux à la scène en observant attentivement Aberline avance d'un pas et lui tend la main.

FRÈRE ROBERT
Bonsoir, Berthe !

La jeune femme hésite, se contentant de le saluer du bout des lèvres.

ABERLINE (fébrile)
Bonsoir, monsieur...

MAMAN ALINE
Il s'appelle Robert…, Frère Robert Levac.

ABERLINE
Bonsoir Frère… Robert Levac…, enchantée…

FRÈRE ROBERT
Moi aussi, Aberline… content de te revoir…

ABERLINE
(visiblement troublée, elle attrape
son sac à main et se dirige vers la porte)
Je suis prête maman, on peut y aller…

MAMAN ALINE
Pas vraiment, mon bébé… Je suis ici pour te parler.

ABERLINE
Je croyais que tu étais venue me chercher pour m'amener au souper chez Andréa.

MAMAN ALINE
Pas exactement… Disons, qu'on ira après. Depuis très longtemps tu as eu beaucoup de questions à me poser… alors, je suis ici aujourd'hui pour y répondre.

ABERLINE
Mais, maman… ce sont des détails de ma vie privée… je n'ai aucune envie d'en débattre en présence d'étrangers… Maman, s'il te plaît, allons nous-en, on y reviendra demain si tu le veux, toi et moi.

MAMAN ALINE

Non, Berline… tu as assez souffert, il est temps qu'on se parle…

ABERLINE

Mais, maman… c'est privé… tes amis du club de bingo n'ont rien à faire ici…

MAMAN ALINE

Berline, écoute-moi attentivement…

FRÈRE ROBERT

Aline…, tu permets… que je t'aide un peu…

ABERLINE

Maman… que signifie tout cela ? Tu arrives ici au moment où je m'y attendais le moins avec deux parfaits étrangers et tu veux que j'étale ma vie.

MAMAN ALINE

Berline, s'il te plaît, ce ne sera facile ni pour toi ni pour moi, mais ce qui va suivre est essentiel pour nous deux… pour nous tous.

FRÈRE ROBERT
(la voix calme, presque chuchotant)
Berthe…, je suis content de te revoir…

ABERLINE

Maman…, qui est-ce ? Et qui est-elle…

MAUDE

Tu peux m'appeler Maude… Il fut un temps où tu m'appelais Mamie Maude et moi je t'appelais Berthe…

ABERLINE
(étonnée et subitement songeuse)
Berthe ? Pourquoi m'appelez-vous ainsi ? Monsieur aussi m'a appelée Berthe... À quoi rime tout ça, maman ?

Et s'adressant à l'homme d'un air de défi :

Comment connaissez-vous ce surnom-là, monsieur? Maman... dis quelque chose...

MAMAN ALINE
Berline, tu as longtemps posé des questions auxquelles tu me reprochais de ne pas répondre. Tu en as souffert, beaucoup souffert même. Ta famille est en difficulté à cause de cette situation...

ABERLINE
Je ne comprends pas ce qui se passe...

MAMAN ALINE
Je crois que le temps est venu de faire le point... je veux que tu retrouves ta joie de vivre... Alors, j'ai décidé d'aller chercher de l'aide...

ABERLINE
Est-il un psychologue ? Dis-le donc tout de suite que cette famille me croit folle ! Je veux appeler mon mari !

MAMAN ALINE
C'est inutile ! Il ne viendra pas... cela ne concerne que nous... pour le moment.

ABERLINE
Qui ça nous ?

MAMAN ALINE

Lui, toi et moi.

ABERLINE

C'est qui… lui ? Et la madame… qui est-elle ?

MAMAN ALINE

Elle… c'est…

La dame fait signe de la main à maman Aline et répond d'une voix calme, affectueuse :

MAUDE

Alors, Aberline…, je suis Maude… et je te connais depuis longtemps… Très longtemps, depuis le temps qui a précédé ta naissance même … J'étais présente quand tu es venue au monde, j'ai même coupé ton cordon ombilical, mais ça tu dois l'avoir oublié…

ABERLINE

Mon Dieu ! Mais, où étiez-vous passée depuis tout ce temps ? Je vous reconnais…

MAUDE

Te souviens-tu du soir où ta maman est arrivée ici ?

ABERLINE

Oui…, il me semble… êtes-vous la madame qui nous attendait dans la maison ?

MAUDE

Oui…, exactement… je suis cette madame-là, comme tu le dis si bien… C'est moi qui ai trouvé la maison, acheté les meubles, les jouets et arrangé vos chambres…

ABERLINE

C'est vous qui aviez cuisiné pour nous ce soir-là...
aussi ?

MAUDE

Et à bien d'autres occasions, quand maman Aline
avait des rendez-vous et que je vous gardais...

MAMAN ALINE

T'en souviens-tu, Aberline?

ABERLINE

Oui..., il me semble... oui..., oui... vous nous
faisiez du chocolat chaud aussi... des biscuits qui
sentaient la cannelle...

MAUDE

Et tu dégustais ça avec des tranches de fromage...
tu disais aimer le sucré-salé...

ABERLINE

Oui..., je m'en souviens... Et pourquoi n'êtes-vous
plus revenue ?

MAUDE

Je suis partie en Afrique, au Togo pour quelques
années... Je me suis mariée là-bas... disons que je
vivais une autre vie et que vous n'aviez plus besoin
de gardienne !

ABERLINE

C'est vraiment un grand soir pour moi...
Heureusement que j'ai le cœur solide ! Merci quand
même d'être revenue pour le souper de maman
Aline !

MAMAN ALINE
(prenant la main de l'homme blanc)
Aberline, il y a aussi Robert que je souhaite te
présenter…

ABERLINE (évitant de regarder en
direction de l'homme)
Maman… Madame… que se passe t- il donc ici ce
soir ? On dirait le premier novembre…le retour des
fantômes…

MAUDE
Je suis plutôt… Maude.

ABERLINE
Maude… le soir de notre arrivée il y avait
quelqu'un avec vous… un homme… un Blanc…

MAUDE
Oui, ma chérie…, tu as raison… disons qu'il était
plus jeune !

ABERLINE
Il est revenu quelques fois, toujours avant Noël…
Puis, je ne l'ai plus jamais revu… (pointant du doigt
l'homme) C'était lui ?

MAMAN ALINE
(se tournant vers le Frère Robert)
C'était lui, Aberline…, c'était ce monsieur-là.

FRÈRE ROBERT
(tendant la main à la jeune femme)
Bonjour, Berthe !

ABERLINE

(hésitant à toucher la main tendue)
Pardon ! C'est vous qui apportiez les cadeaux... les boîtes à lunch, les sacs d'école et... les cartes qui faisaient pleurer ma mère ?

FRÈRE ROBERT
Oui, Berthe..., c'était moi..., mais j'ignorais qu'elle en pleurait...

ABERLINE
Oh... et pourquoi donc m'appelez-vous Berthe ?

FRÈRE ROBERT
Parce que c'était ton premier prénom... quand tu étais toute petite... C'est même moi qui te l'ai donné ce beau surnom-là...

ABERLINE
Maman..., pourquoi tu me fais ça, ce soir en plus ?

MAMAN ALINE
Aberline, fais un effort s'il te plaît... écoute-nous... tu as passé ta vie à me poser des questions, je ne me sentais pas capable, pas autorisée à te répondre toute seule...

ABERLINE
Mais, je ne comprends pas très bien ce qui se passe ici...

FRÈRE ROBERT
S'il te plaît... laisse-moi poursuivre, Berthe, si tu me permets de t'appeler ainsi... Ce fut assez pénible durant toutes ces années... alors...

ABERLINE
(se lève et arpente la salle)
C'est de la folie…

MAMAN ALINE
Aberline, s'il te plaît… assieds-toi… et écoute ce que j'ai à te dire, ce que « nous avons » à te dire.

FRÈRE ROBERT
(tendant encore la main à Aberline)
Et… si tu pouvais me laisser avancer, si tu acceptais ma main tendue ce serait très apprécié…

ABERLINE (faisant un pas en avant et
tendant la main au Frère Robert)
OK…, je vous écoute… Franchement !

FRÈRE ROBERT
Disons que oui, je suis ce *monsieur blanc* comme tu l'appelles, qui était là aussi ce soir avec Maude pour vous accueillir… pour accueillir ma famille…, car je suis de ta famille…

ABERLINE
De mieux en mieux !

FRÈRE ROBERT
(le front au creux de sa main droite)
Je dois t'avouer que c'est assez difficile, mais je vais essayer d'aller jusqu'au bout… Alors, voici… mon histoire : j'avais 21 ans quand je suis allé comme coopérant, éducateur volontaire, dans un petit village du sud d'Haïti. Je logeais chez les Frères Missionnaires de la Moisson. Et là, je fis la connaissance de deux magnifiques jeunes filles. L'aînée travaillait comme enseignante au primaire,

alors que la plus jeune était encore aux études à l'école de jardinière d'enfants. Elles étaient inséparables.

MAMAN ALINE
J'étais l'aînée, j'avais 27 ans et Ana était ma petite sœur, elle en avait 18.

ABERLINE
Oui…, je me souviens de tante Ana…

MAMAN ALINE
C'est ainsi que tu l'appelais…

FRÈRE ROBERT
Et je suis tombé amoureux de l'une d'elles…

ABERLINE
Ou des deux en même temps… comme tous ces maudits humanitaires profitant des jeunes des pays en difficulté… Alors, de laquelle des deux aviez-vous abusée la première ?

MAUDE
Il était amoureux de maman Aline…, l'aînée… nous étions amies.

FRÈRE ROBERT
Je l'aimais de toute mon âme, mais elle me repoussait sans aucune pitié, elle ne semblait pas me prendre au sérieux, à cause de notre différence d'âge…

ABERLINE

Oh ! On voit bien que les temps ont changé… un tout petit six ans de différence, maman Aline ! On a vu plus grand écart…

MAMAN ALINE
Arrête donc Berline…

ABERLINE
C'est quoi cette histoire débile ?

FRÈRE ROBERT
Malgré mon insistance, elle continuait à me repousser… Moi, je voulais la ramener avec moi au Québec à la fin de mon mandat… je souhaitais l'épouser… elle n'a rien voulu savoir malgré mon insistance.

Maman Aline est demeurée silencieuse, le regard fixé au sol pendant tout le temps où le Frère Robert relatait ces faits. Maude n'osait rien ajouter alors qu'Aberline restait suspendue aux lèvres de l'invité.

ABERLINE
Allez, continuez donc avec votre roman-feuilleton, monsieur…savez-vous que, cachés sous vos soutanes vous causez beaucoup de dégâts… en passant !

FRÈRE ROBERT
Hmmm… Je disais donc que j'avais tout fait pour la convaincre que je l'aimais vraiment, sincèrement… Rien…!

MAUDE
Il faut dire qu'elle avait toute une personnalité…!

MAMAN ALINE

J'avais aussi mes raisons... que je t'ai expliquées enfin Maude... jeune mère avec deux enfants... mon mari avait été arrêté, on disait que les gens du gouvernement, une femme-macoute nommée Joseline Marsh, l'aurait fait torturer... je... j'ignorais s'il allait revenir un jour, je devais l'attendre, nous étions de bons chrétiens mariés à l'église, selon les préceptes de la religion catholique !

FRÈRE ROBERT

Et avec toute sa délicatesse et sa force de caractère... elle m'a tranquillement orienté vers sa sœur cadette...

MAUDE

Qui, elle, était amoureuse folle du beau jeune homme. C'était sa première petite passion... d'amour !

ABERLINE

Comme ça, tu l'as repoussé pour laisser la place à tante Ana ?

MAMAN ALINE

Et oui... on peut le dire ainsi. Ma vie était toute tracée là-bas... J'avais ma famille, les enfants et j'attendais le retour de mon mari... Ana, elle, était jeune, pleine d'espoir et avait toute la vie devant elle...

MAUDE

Je lui ai dit non... avoue que j'étais contre cette idée !

MAMAN ALINE

Oui…, tu m'avais mise en garde… de le repousser comme si je n'éprouvais rien pour lui…

FRÈRE ROBERT

Je le savais, je pouvais le voir dans tes yeux, mais finalement, mon orgueil en a pris un coup de me faire repousser sans cesse… alors que je me sentais lié à cette famille…

MAMAN ALINE

Ana avait droit à un meilleur avenir, elle était jeune !

ABERLINE

Mais je rêve…, non ! Je suis en plein cauchemar… tu t'es sacrifiée pour elle ?

MAMAN ALINE

Un bien petit sacrifice pour lui offrir de meilleures chances… la violence battait son plein dans le pays…Je ne souhaitais pas qu'elle se retrouve comme moi, avec un mari porté disparu et des enfants à éduquer seule…

ABERLINE

Et qu'est devenue cette femme… la macoute qui a torturé ton mari, Maman Aline, cette Joseline Marsh ?

MAMAN ALINE

Aux dernières nouvelles, elle se cache incognito ici même, à Montréal… Savez-vous que cette femme a forcé une de ses domestiques à lui amener sa fille de seize ans… que cette diablesse a violée avec un goulot de bouteille…

ABERLINE
On parle d'histoire d'horreur…, là…

MAMAN ALINE
Oh non, et il en existe des milliers ! La jeune fille a disparu…on disait alors qu'elle est partie en république voisine sans laisser de traces… la maman en a perdu la raison…

MAUDE
La maman a perdu la raison… Hum… Le Karma… ne pardonne pas on dirait…

FRÈRE ROBERT
Oui…, cette Joseline est ici… Elle a troqué son costume bleu et son foulard rouge contre une perruque et des verres fumés…

ABERLINE
Personne ne dit rien ?

FRÈRE ROBERT
Elle a profité du séisme pour rentrer sur notre territoire…

MAUDE
Certains ont profité du chaos, de l'émotion du moment… pour s'égosiller et magouiller dans les coulisses, afin de maximiser à leur profit les flous du système.

ABERLINE
C'est comme les anciens partenaires du Führer qui se tapissent en Amazonie et dans les pays de l'Amérique latine…

FRÈRE ROBERT

Laissez-moi continuer s'il vous plaît.

MAUDE

Vas-y, Robert…

ABERLINE

C'est ça…, allez-y monsieur… racontez-moi donc votre histoire à dormir debout vous aviez deux sœurs pour le prix d'une en république banane !

MAUDE

Écoute-nous Berthe…

ABERLINE

Maman…, explique-moi enfin… qui est-il ?

MAMAN ALINE

C'est ce que nous essayons de faire…Berline…

FRÈRE ROBERT

Tu es ma famille, ma seule enfant Berthe… Je suis… ton père.

ABERLINE (estomaquée)

Comment osez-vous venir ici, chez moi ? Vous le salaud qui a fui… qui nous a abandonnés…

MAMAN ALINE

Ce n'est pas exactement ainsi… que je le dirais.

ABERLINE

Alors, expliquez-moi comment on disparaît en abandonnant une femme et son enfant…, monsieur !

FRÈRE ROBERT

… Et puis-je continuer ? J'ai finalement accepté de devenir ami avec Ana, la cadette. Je l'aimais aussi, mais pas vraiment d'amour… je la considérais plutôt comme une petite sœur…

MAMAN ALINE
Elle était aussi très belle… même plus belle que moi…

FRÈRE ROBERT
Ça, ce n'est pas à toi de faire la remarque… Elle était toute gentille et très timide… As-tu sa photo, Berthe ?

ABERLINE
Maman Aline m'en avait montré…, ça fait longtemps.

FRÈRE ROBERT
(sortant une photo de son portefeuille)
As-tu déjà vu celle-ci ? Je la garde avec moi depuis…

Aberline prend la photo et reste bouche bée.

MAMAN ALINE
Elle était si belle ! J'ai mis beaucoup de temps à la convaincre que tu étais amoureux d'elle, Robert, puisque tu hésitais… toi aussi.

MAUDE
Et un après-midi, nous nous sommes arrangées pour qu'ils soient seuls au bord de la rivière…

ABERLINE
Qui ça nous ?

MAMAN ALINE

Maude et moi… et après deux bonnes heures, on est revenues comme par hasard pour les surprendre… Ils s'embrassaient, enfin !

FRÈRE ROBERT

Ah bon ! Cette mise en scène était donc votre œuvre, mesdames ?

MAMAN ALINE

Ana n'en savait rien, puisqu'elle était amoureuse de toi… tu l'étais aussi un peu d'elle…, non ?

FRÈRE ROBERT

C'est toi que je voulais, Aline… tu le sais !

MAUDE

Mais, elle avait choisi de laisser la chance à la jeune sœur…

ABERLINE

Tu l'aimais, il t'aimait, et tu as renoncé à ton bonheur pour tante Ana ?

MAMAN ALINE

Non, je croyais qu'elle méritait mieux que moi la chance de quitter le village… pour aller vers son avenir. Et, je ne voulais pas, non plus, devenir le cas humanitaire du bon samaritain avec Marylise et Éric dont le père avait été arrêté sous les ordres de cette criminelle qu'on *appelait la pute du régiment…*

FRÈRE ROBERT

Je jure que je ne savais rien de tes craintes… Il fallait me le dire et peut-être que j'aurais réussi à te convaincre qu'il ne s'agissait pas de pitié, mais d'amour véritable Aline. J'aimais aussi tes enfants !

MAUDE
À qui le dis-tu ? On le savait !

ABERLINE
(se prend la tête entre les mains)
Est-ce qu'on peut récapituler s'il vous plaît ? Si je comprends bien, vous étiez amoureux de la sœur aînée… seule avec deux enfants, mais elle a choisi de laisser la place à la sœur cadette pour lui offrir un meilleur avenir… et de fil en aiguille, vous le jeune coopérant… vous êtes tombé dans le panneau…

FRÈRE ROBERT
Non…, pas exactement, Ana aussi était une charmante jeune fille… Finalement, j'ai cru être tombé amoureux d'elle… en désespoir de cause…

ABERLINE
Elle n'est pas un peu tordue, votre histoire ?

FRÈRE ROBERT
Sans doute, mais cela me permettait de rester dans l'ombre d'Aline… c'est complètement fou, mais c'était ma façon de voir les choses…

MAUDE
Il faut peut-être dire que tu espérais qu'Aline changerait d'avis… un jour.

FRÈRE ROBERT
Peut-être… oui…, sans doute, cela explique ma réticence envers Ana.

MAMAN ALINE
Peut-être que j'aurais changé d'idée à un certain moment si les choses ne s'étaient pas précipitées... Il y a eu des complications...

ABERLINE
Ah..., parce qu'il y a eu des... complications ? Mais..., attendez... est-ce que vous êtes en train de me raconter une histoire de ménage à trois ?

FRÈRE ROBERT
(balbutiant, gêné)
Ah, ben non, voyons !

MAUDE
Aberline..., ne t'aventure pas dans cette voie-là...

ABERLINE (pointant du doigt l'homme visiblement gêné)
Mais..., allez-y... ne vous gênez pas... Qui a fait quoi, au juste ? Vous les coopérants, vous êtes tous pareils ! Vous débarquez dans les pays que vous maintenez dans la pauvreté en finançant les gouvernements pourris et vous vous offrez du bon temps sans penser aux conséquences... laissant derrière vous une flopée d'enfants sans père, sans présent et sans futur...

MAMAN ALINE (voix forte et impatiente)
Aberline, tais-toi et écoute, pour l'amour de Dieu !

ABERLINE
(pointant du doigt dans sa propre direction)
OK, OK... maintenant, dites-moi, Berline, moi, dans tout ça ? Un cadeau de la cigogne ou un accident de parcours ?

MAMAN ALINE
Oh non ! Loin de là !

ABERLINE
Alors, expliquez-moi donc… Si vous étiez finalement l'amoureux de tante Ana… comment m'aviez-vous eue vous deux ? Si ce n'est un ménage à trois, c'est donc une trahison…

MAUDE
C'est un peu… ça aussi le but de notre présence ici ce soir…

FRÈRE ROBERT
Pour raccourcir l'histoire… Ana et moi… on est… disons… devenus assez intimes… et elle est tombée enceinte…

ABERLINE
(se levant encore brusquement)
Wow ! Wow ! On tombe enceinte, on tombe malade, on tombe amoureux… Tomber, quel verbe fourre-tout ! Moi, ce soir je tombe de très haut et sur la tête…

FRÈRE ROBERT
Berthe… s'il te plaît…

ABERLINE
Reprenons… Pardon ? Ana est tombée enceinte… de vous ? Et…

MAMAN ALINE
Et… notre culture étant ce qu'elle est, surtout dans un petit village… on a dû prendre les grands moyens…

ABERLINE

Qui n'étaient... sûrement pas l'avortement. Apparemment, j'ai l'air de tout, sauf d'un avorton... continuez...

FRÈRE ROBERT

La culture et... la famille... Il fallait aussi que j'avertisse les miens que j'allais devenir père...

MAMAN ALINE

La famille... ma mère plus précisément, a décidé d'exiler Ana, pour la durée de sa grossesse.

Aberline se rassoit, se lève, fait quelques pas, le regard fixé au mur face à elle.

ABERLINE

Le candidat... le novice des Frères Missionnaires qui devenait père... quelle virage ! Félicitations le coopérant !

MAUDE

... Et Ana, elle est venue vivre un moment chez nous, avec ma mère et moi, à une centaine de kilomètres de là... jusqu'à la naissance du bébé !

MAMAN ALINE

Pendant tout ce temps, moi, de connivence avec ma mère, je jouais à la femme enceinte... utilisant quelques astuces... le moment venu, je suis allée chez Maude avec Andréa...

ABERLINE

Encore Andréa, pourquoi elle ?

MAUDE

Parce qu'elle était la sage-femme désignée qui devait te mettre au monde… elle en avait reçu le message, la mission… C'est elle qui a fait la jonction… des deux cultures, mystiquement parlant… elle est, en quelque sorte, responsable de toi…

ABERLINE

Oh, mon Dieu ! Pourquoi personne ne m'en a rien dit depuis tout ce temps ? Même quand je lui manquais de respect… Dieu seul sait le nombre de fois où j'ai dû la blesser, la choquer…

MAUDE

Elle est la gardienne de la famille, ne l'oublie pas, elle doit être plus calme et plus sage que tous les autres…

ABERLINE

Qui est-elle ? Ce n'est pas ta fille …

MAMAN ALINE

… Mon père nous l'a amenée un soir et nous a dit d'en prendre soin comme de la prunelle de nos yeux… Elle porte la mémoire de notre famille… Il n'existe pas que les liens de sang pour constituer une famille. C'est elle qui t'a sauvée au moment de l'accouchement. Ana avait perdu ses eaux, tu refusais de sortir. Finalement, tu te présentais avec le cordon autour du cou et *coiffée* du placenta, comme on dit.

ABERLINE

Ça vient de loin cette envie de me pendre… Excusez ! Je dois donc la vie à Andréa ?

MAUDE

En quelque sorte… oui… disons que c'est elle qui t'a tirée de la situation périlleuse dans laquelle tu te trouvais à ce moment-là !

ABERLINE

Mon Dieu, qu'ai-je fait ? Quelle idiote j'étais ! J'ignorais tout ça… Elle doit me haïr…

MAMAN ALINE

Elle t'aime, elle est ta protectrice… Tu as tout le temps devant toi pour lui parler… elle te dira mieux que moi, qui elle est et ce qu'elle représente pour notre famille !

ABERLINE

Maman, je l'ai tellement détestée ! J'étais jalouse qu'elle dorme dans ta chambre et pas moi…

MAMAN ALINE

Nous commettons tous des erreurs, ma chérie.

ABERLINE

Revenons au début de l'histoire, maman Aline…, tu n'es pas ma mère ? Ma vraie mère c'est tante Ana ?

MAUDE

J'avoue que c'est assez difficile.

ABERLINE

Est-ce que je peux dire un gros *merde* ?

FRÈRE ROBERT

Berthe…, je te comprends…, mais tu dois continuer à nous écouter, c'est le seul moyen de régler la situation et nous libérer… une fois pour toutes…

Moi aussi, j'ai ma part de responsabilité dans cette affaire… est-ce que tu me permets de continuer…

ABERLINE
Je suis en plein cauchemar…

MAUDE
Pourquoi ne pas parler plutôt de la fin d'un cauchemar pour tous ?

MAMAN ALINE
Berline, tu as toujours voulu connaître la vérité sur tes origines… sur cette peau que tu détestes avec tant de force…, mais j'avais fait une promesse qu'il me fallait tenir… De retour au village, il a été entendu entre nous, que moi qui simulais la grossesse, je prendrais en charge la maternité du bébé ainsi que les commentaires désobligeants du voisinage, la honte… vu que mon mari avait disparu… un bébé blanc… un jeune missionnaire blanc dans les parages…Tout ça, pour ne pas compromettre l'avenir d'Ana qui était encore aux études… Mais, il le fallait pour sauver l'honneur de ma sœur cadette.

MAUDE
Entretemps, j'obtins une bourse d'études et je suis arrivée ici… quelques années avant Aline.

MAMAN ALINE
Le mandat de Robert fut prolongé de deux ans, à deux reprises, suite aux démarches soutenues des Frères Missionnaires.

FRÈRE ROBERT

Ainsi, j'ai pu te voir grandir un peu…, et je t'ai surnommée Berthe… en fait, ton premier prénom fut Bertheline…

ABERLINE

Ah ! Bertheline ! Je saisis mieux le mécanisme de ce prénom… Robert et Aline, n'est-ce pas ? Mais, pourquoi cette combinaison avec le prénom de maman Aline et le vôtre non pas celui de tante Ana ?

MAUDE

Parce que chez nous, on donne à nos enfants le prénom de personnes qui nous sont les plus chères.

FRÈRE ROBERT

Et dans ton cas, la personne qui nous était la plus chère à Ana et moi, c'était Aline… nous t'avions d'abord prénommée Bertheline pour Aline et moi, puis Aberline : *A* pour Ana, *Ber*, pour moi et finalement *Line*, pour Aline… voilà !

ABERLINE
(éclatant d'un rire nerveux)
Ah, je vois ! Je suis donc un produit hybride de trois mousquetaires ! Bravo !

FRÈRE ROBERT

Rien à redire…, tu as vraiment hérité du sens de l'humour et du rire d'Ana !

ABERLINE

Si vous le dites ! Mais parlez-moi donc d'Ana… Je me souviens qu'elle était partie à la rivière et qu'on l'a ramenée… elle n'était plus vivante, il me semble…

MAUDE (se raclant la gorge)
Et c'est la partie la plus difficile, ma chérie… assieds-toi…

MAMAN ALINE
Oui, Berline, assieds-toi, s'il te plaît… ce n'est vraiment pas facile pour aucun d'entre nous ce soir.

FRÈRE ROBERT
Laissez, je m'en charge ! Tu as raison, on planifiait partir pour le Canada avec toi à la fin de sa dernière année scolaire et de se marier. Un après-midi, Ana et moi avions rendez-vous au bord de la rivière… Il pleuvait doucement… Quand elle est arrivée… (hésitation) Aline et moi discutions un peu plus haut sur un talus… on était… disons… assez proches l'un de l'autre…

MAMAN ALINE
On en profitait pour faire le point…, nos adieux en quelque sorte…

FRÈRE ROBERT
On ne faisait rien de mal… c'était juste des adieux, car Ana et moi, nous nous préparions à partir avec toi.

MAUDE
Tu peux les croire, Berthe…, rien de malhonnête !

ABERLINE
La première rencontre… ma naissance… vous en provoquiez des choses, vous !

FRÈRE ROBERT
(voix brisée par l'émotion)

Alors qu'on se donnait un innocent baiser d'adieu..., du monticule, on a vu Ana qui nous regardait...d'en bas, debout sur la berge...

MAMAN ALINE

On s'est précipité pour lui parler... lui expliquer...

FRÈRE ROBERT

Ana ne nous a pas attendus...Elle s'est dirigée vers la rivière...s'y enfonçant de plus en plus... J'ai réussi à l'attraper d'une main...

MAMAN ALINE

Tandis que je retenais Robert, il y avait sans doute une dénivellation... dans le lit de la rivière... Ana a glissé...

FRÈRE ROBERT

Ainsi... nous l'avions perdue... je ne savais pas nager... je n'ai rien pu faire... les témoins qui étaient autour, non plus...

ABERLINE

Je reprends : elle... venait vous retrouver, vous, son amoureux, et elle vous a vus... vous deux, en aparté... vous donner un genre de baiser d'adieu... Et vous le coopérant, ne saviez pas nager ? Mais toi..., Maman, tu savais nager, pourquoi tu n'as pas plongé pour la sauver ?

MAMAN ALINE

Oui..., j'ai essayé..., mais je n'ai rien pu faire, elle s'est enfoncée... en repoussant ma main tendue... volontairement...

MAUDE

Ce sont des choses qui arrivent encore aujourd'hui, ma chérie…

FRÈRE ROBERT

Aline a plongé… mais est revenue seule. J'ai vécu des minutes d'enfer, car je croyais les perdre toutes les deux…On a cherché Ana pendant un bon moment. Quand elle a été retrouvée, elle ne respirait plus… On a tout essayé pour la réanimer.

MAMAN ALINE

Alors…, voilà… maintenant tu sais tout…

ABERLINE

Ou presque tout… Comment sommes-nous arrivés ici ?

FRÈRE ROBERT

Suite à ce malheureux accident, je suis revenu ici. Avec une permission spéciale de la Maison-mère, j'ai pu disposer d'un salaire pour continuer à prendre soin de vous là-bas…

MAMAN ALINE

J'éprouve vraiment depuis, le sentiment d'être la responsable de tout ce malheur… Ana qui tombe enceinte… Ana qui a perdu une année d'études… ta naissance, Ana qui meurt dans la rivière… tout ceci parce que j'avais décidé de lui céder ma place… pour ainsi la perdre … il fallait que je paye pour mes fautes…

FRÈRE ROBERT

On a alors fait un pacte…

ABERLINE

Un pacte ? Quel genre de pacte ?

MAMAN ALINE

Tu es donc devenue notre enfant, celui que nous n'avions pas conçu… ensemble tous les deux, mais dont nous avions participé à la venue sur cette Terre…

ABERLINE

Votre fardeau… le prix de votre péché !

FRÈRE ROBERT

Non, ma chérie, tu es notre cadeau du Ciel, notre responsabilité… l'enfant issue de nos sentiments refreinés et de notre amour envers Ana.

MAUDE

Et ils ont décidé de ne jamais se marier… avec quelqu'un d'autre… pour ne jamais trahir la mémoire d'Ana… ainsi que leur propre amour.

ABERLINE

C'est pour cela que tu es restée seule avec nous, maman ? Tu as donc passé toute ta vie ainsi… avec Andréa, tes enfants et moi…

MAMAN ALINE

Oui…, pour cela et peut-être aussi parce que je n'ai jamais rencontré quelqu'un avec qui j'avais envie de refaire ma vie… J'ai été amoureuse…, mais ça fait longtemps !

ABERLINE

Toi, amoureuse ? Et de qui ?

MAMAN ALINE

Quelle curiosité !

ABERLINE

Et vous, monsieur ? Qu'aviez-vous fait depuis ?

FRÈRE ROBERT

Moi, j'ai choisi le chemin de la prière, de l'amour du prochain et de la rédemption… espérant obtenir le pardon de Dieu pour n'avoir pas pu sauver Ana de la noyade… Je suis devenu Frère Robert, des Missionnaires de la Moisson.

MAMAN ALINE

Le reste de l'histoire, tu la connais sans doute un peu…mieux maintenant.

MAUDE

Entre-temps, j'étais revenue au pays et nous avions gardé contact Robert et moi ; il a effectué les démarches pour qu'Aline vienne ici avec vous, les enfants…

ABERLINE

Andréa aussi ?

MAMAN ALINE

Oui, Andréa aussi… J'avais promis à mon père d'en prendre soin, je suis comme sa marraine…

ABERLINE

C'est ta confidente…

MAMAN ALINE

Je sais que tu lui en veux un peu, mais elle est la plus âgée… nous avions toujours été très proches…je la respecte pour sa mission auprès de nous et pour ce qu'elle a fait pour toi…

À ces derniers mots, le téléphone sonne. Aberline y répond. C'est son mari, Joël.

JOËL (voix off)
Allô, mon amour… Maureen dit que tu me cherchais… as-tu changé sérieusement d'idée ?

ABERLINE
Oui…, non… je veux dire, j'allais prendre un taxi… je ne sais plus… maman est ici…

JOËL (voix off)
Maman Aline est chez nous ? On l'attend depuis un moment, elle avait un invité… à nous présenter…

ABERLINE
L'invité n'était pas pour vous…, mais pour moi… Ce soir, j'ai eu la réponse à toutes mes questions…, Joël ! C'est complètement fou, tu ne me croiras jamais !

JOËL (voix off)
Si tu me le dis, je te crois déjà…, tu me raconteras…

ABERLINE
Attends-nous, on arrive ! Dis-moi, est-ce que Mitch, le petit fiancé de Maureen est avec vous ?

JOËL (voix off)
Oui… oui, je pense qu'il désire te parler… Maureen aussi. Que se passe-t-il ce soir ?

ABERLINE
(mettant fin à la conversation)
Cette soirée… ce soir… semble être plus le mien que celui de Maman Aline… J'arrive, mon amour !

Aberline se retourne vers Frère Robert qui la regardait avec tendresse. Elle s'avance vers lui, il lui ouvre les bras, elle s'y blottit un instant puis s'en détache.

MAMAN ALINE
Maintenant que tu as eu tes réponses…, j'espère que tu vas pouvoir vivre ta vie comme tu le mérites, ma chérie.

FRÈRE ROBERT
Pardonne-moi, Berthe… Berline… Pardonne mon silence et mon absence de ces dernières années… il fallait que j'expie… mes fautes… et mon éloignement ne suffisait plus.

ABERLINE
Ainsi…, vous êtes restés célibataires tous les deux, juste pour honorer une promesse faite à ma mère ?

MAMAN ALINE
Un engagement plutôt… envers nous… aussi.

ABERLINE
Maman chérie, c'est un très bel anniversaire pour moi aussi ce soir… J'ai l'impression de renaître… Je retrouve enfin l'autre moitié de moi qui me manquait tant !

MAUDE
Nous avons tous, deux moitiés en nous …

ABERLINE (vers son père)

C'est donc votre peau… vous êtes l'AUTRE, l'invisible, que je portais avec tant de douleur et de haine, car je n'avais pas de visage sur cette enveloppe… Je sais maintenant de qui je tiens cette peau qui m'étranglait… la peau de l'autre… c'était donc la vôtre ! Je me sens libérée d'apprendre que vous ne nous aviez pas rejetés ni abandonnées.

MAMAN ALINE

Jamais ! Il a toujours pris soin de nous… il a payé tes études… Il était présent à ta graduation au secondaire Berline et il a aussi préparé ma retraite… enfin selon ce qu'il m'a expliqué…

FRÈRE ROBERT

Nous l'avions fait ensemble, Aline… et je bénirai le Ciel de t'avoir placée sur mon chemin. Tu es l'exemple vivant de l'amour inconditionnel, de la compassion, de l'abnégation. Je sais que tu es et tu seras la seule femme que j'ai vraiment aimée. Maintenant, je peux te le redire…

ABERLINE

Merci maman Aline, tu es *ma* maman, tu le seras toute ma vie ! Merci à chacun de vous d'avoir pris soin de moi à votre manière.

MAUDE

Merci à toi Berline de nous avoir écoutés…

Le téléphone sonne à nouveau. C'est la compagnie de taxi. Aberline répond. Frère Robert intervient.

FRÈRE ROBERT

Tu peux annuler, ma chérie, je vous y conduis…
J'ai bien hâte de revoir « mes autres » enfants.

MAMAN ALINE

Bonne idée, ils nous attendent… J'ai entendu, entre
les branches, que ce soir nous allons rencontrer le
petit ami de Maureen… elle était assez secouée hier
quand elle est arrivée chez Lucie, elle a passé la nuit
à pleurer dans mon lit… Pauvre poussin !

ABERLINE

Elle était chez toi, maman ?

MAMAN ALINE

Où voulais-tu qu'elle aille pleurer son gros cha-
grin ?

ABERLINE

Nous avions eu si peur… j'ai même appelé la
police.

MAMAN ALINE

Ça, c'est bien toi ! Pourquoi ne pas avoir appelé les
autres membres de la famille d'abord ?

ABERLINE

Tu as raison… je n'y avais pas pensé.

MAMAN ALINE

En tout cas, elle est très accrochée à son Mitch et
semble déterminée à te le présenter…

MAUDE

Quelle soirée !

ABERLINE

Aucune inquiétude de ce côté-là, maman ! Vous permettez que j'aille dans ma chambre pour quelques minutes…

MAMAN ALINE
Bien sûr… bien sûr… on t'attend…

Aberline se déplace. Les trois autres restent sur la scène et continuent de jaser.

FRÈRE ROBERT
Mon Dieu, qu'elle est belle ! Je suis si heureux que j'ai envie de pleurer…elle a les yeux et le sourire d'Ana… Merci Aline… de tout mon cœur, merci ! Je peux mourir ce soir !

MAMAN ALINE
Mais, voyons Robert, tu ne mourras pas avant d'avoir rencontré ta petite-fille et les enfants de Marylise, d'Éric et d'Andréa… Tu as une longue lignée, Frère Robert, Missionnaire de la Moisson !

FRÈRE ROBERT
Oh, merci mon Dieu de ta bénédiction ! Je me sens comme Abraham ce soir, lui à qui le Créateur avait promis une lignée aussi nombreuse que le sable de la plage… Merci à toi aussi, Aline.

MAMAN ALINE
Voyons, Robert, ne me remercie pas, j'ai fait mon devoir envers ma sœur et notre fille !

MAUDE
Bien dit ! Merci à vous deux de m'avoir fait confiance, mes amis !

FRÈRE ROBERT
Jamais je n'avais osé espérer vivre un moment pareil avant de mourir… Merci, mon Dieu !

MAMAN ALINE
Je crois que Dieu nous pardonnera d'avoir fait dévier ses plans…

MAUDE
On ne dévie jamais les plans de Dieu, mon amie…

FRÈRE ROBERT
C'est vraiment une belle soirée pour moi…

MAMAN ALINE
Attends donc voir la réaction du reste de la famille. Je leur avais promis une surprise pour ce soir… ils ont imaginé je ne sais quoi !

MAUDE
(se rapprochant de Frère Robert)
Pour une surprise, c'en est toute une… Je suis vraiment heureuse pour Berline… et pour vous aussi. Robert, est-ce que tu lui demandes maintenant… ou tu attends d'être devant toute la famille ?

Se rapprochant d'Aline, Frère Robert tire de sa poche une minuscule boîte qu'il lui tend en s'agenouillant devant la femme émue.

FRÈRE ROBERT
Je vais faire ça en deux temps ! Aline, voici mon cadeau d'anniversaire pour toi ce soir… je l'ai dans mon tiroir depuis si longtemps…, sans jamais oser te l'offrir…

MAMAN ALINE
(voix pleine d'émotion)
Robert…, je ne sais quoi dire…

FRÈRE ROBERT
Si tu me trouves toujours trop jeune… je peux encore attendre quatre autres décennies ! Acceptes-tu que je te la passe au doigt, en attendant, s'il te plaît ?

MAMAN ALINE
Mais, Robert… tu es un prêtre… un Frère… enfin… tu as prononcé des vœux…

FRÈRE ROBERT
(agenouillé devant Maman Aline)
Je ne suis pas un prêtre…, mais un Frère, Aline. Si tu m'acceptes, je suis disposé à reprendre mon serment. Aline, chérie, veux-tu devenir ma femme ?

**FIN ACTE 7
SCÈNE 2
NOIR GRADUEL**

SCÈNE FINALE

Aberline revient, métamorphosée. Vêtue d'une superbe robe de soirée décolletée couleur d'or avec des motifs fleuris, un léger foulard de soie, transparent, autour du cou, laissant tomber ses magnifiques cheveux en cascades sur son dos. Elle voit Robert agenouillé au pied de maman Aline.

ABERLINE

Que se passe-t-il ici ? J'ai manqué un chapitre de l'histoire ?

MAUDE

On a tous droit au bonheur… et aux retrouvailles, ma chérie !

ABERLINE

Allons-y, j'ai hâte de retrouver le reste de *ma* famille ! Je crois que Maman Aline vient de marquer un but dans les filets des Missionnaires de la Moisson et de l'Église catholique…

MAMAN ALINE

Au tournant, l'amour et le temps sont deux complices qui finissent toujours par gagner, si on leur en laisse l'occasion.

ABERLINE

On parle de quoi là, sérieusement… vous voulez l'épouser ?

FRÈRE ROBERT

Oui, je viens de demander à Aline de m'épouser… enfin.

ABERLINE

Je n'ai jamais été aussi déstabilisée de toute ma vie…

MAUDE

Et ça c'est encore peu dire…

FRÈRE ROBERT

Aline, je ne te demande pas de me répondre par l'affirmative tout de suite, tu sais, Aline… quel beau prénom !

MAMAN ALINE

Je ne dirai pas non… cette fois-ci…

MAUDE

Il était temps ! Vous aviez trop attendu vous deux…

ABERLINE

Wow ! Je crois en avoir assez eu pour ces dernières 24 heures…

MAMAN ALINE

En effet…, ce fut assez long ! Relève-toi, Robert…

FRÈRE ROBERT

On est mûrs pour un beau projet de fin de vie je crois !

ABERLINE

Je retrouve mes parents, j'espère retrouver ma fille…, ma famille… Que demander de plus… à la vie ? Je veux parler à Maureen et à mon mari, sans oublier Andréa. On y va ?

MAMAN ALINE

Robert, tu retrouves ton enfant et moi, l'amour de ma vie !

FRÈRE ROBERT

Je retrouve tous mes enfants Aline… et l'amour de ma vie !

Maman Aline tend la main gauche à Robert, il glisse la bague à son annulaire et la prend dans ses bras.

ABERLINE

Ce soir, je me sens tel un bourgeon de Bégonia s'ouvrant au premier rayon du soleil ; mon âme est libérée et prend son envol tel un papillon émergeant de sa chrysalide… J'entends enfin, la chanson des vagues du temps de mon enfance, à travers un coquillage. J'ai enfin la réponse du dieu et de la déesse des mers !

Aberline esquisse quelques pas de danse entre son père et sa mère. Ils quittent ensemble la scène.

FIN

FERMETURE DES RIDEAUX

BIOGRAPHIE DE MADELEINE BÉGON

D'origine haïtienne, Madeleine Bégon a fait des études en éducation (Haïti), en intervention psychosociale, en formation de formateurs à l'Université du Québec à Montréal (UQAM). Elle a aussi étudié en psychologie enfantine à l'Institut de Carrière Universelle. Entre autres formations, le langage des Sourds-muets (LSQ) à l'Institut Raymond Dewar (Mtl), l'alphabet Braille ainsi que l'art dramatique au Conservatoire Lassalle. Elle détient un baccalauréat en Lettres françaises de l'université d'Ottawa.

Le travail d'écriture dramatique, de poète, de metteur en scène et de comédienne de Madeleine Bégon date de son adolescence. Elle fut membre de la Troupe de Théâtre *Les amants de la littérature haïtienne (TALH),* dirigée par Fénelon Rodriguez (Bonbon) où elle porta plusieurs rôles entre 78 et 82, **Le rêve des ancêtres, etc.** Accusée de fautrice de troubles, la TALH a dû fuir le pays au début des années 80 pour échapper aux sbires des dirigeants d'alors. Arrivée à Montréal en 1983, Madeleine retrouva ses comparses et reprit les planches dans **L'accusé n'est pas coupable**, et d'autres productions de la troupe.

En 1987, la société montréalaise allait découvrir ses talents de dramaturge avec sa toute première pièce : **Parlons-en, Déblozay (dé-blo-zaille)** son histoire vécue, drame social sur la réalité des personnes âgées immigrantes et des sans-papiers au Québec, dont elle assura la mise en scène et la production. Cette pièce fut aussi jouée en 1988, à New York et à Miami.

Elle présenta, en 1990, sa seconde création, **Le prix du sang,** théâtre, Montréal. Écriture mise en scène et production, un tableau de mœurs autour des barrières et différences sociales, des familles de la bourgeoisie et de l'avortement.

Résidence surveillée, théâtre, pièce présentée par la Troupe nationale de théâtre d'Haïti au Québec, qu'elle fonda en 1990, un drame social traitant de la problématique du divorce et de ses conséquences sur les enfants.

Elle a participé entre autres à plusieurs productions telles que **Shango** – film, réalisation John Weeler Mackens, Haïti, 1999; **Flagrant Délit**, film, réalisation Soleil des Îles, Montréal

2008 ; **Double vie, film,** réalisation Soleil des Îles, Mtl, 2008, scénariste de son rôle ; **Siboney**, théâtre, autour de la réalité des jeunes (absence des parents, décrochage scolaire, etc.) Sono productions, Montréal, 2009. Dernièrement on l'a vue sur les planches, assumant 3 rôles différents, dans le Bye Bye 2016, une production Sono et MJ Productions, donnant la réplique à Daniel Fils-Aimé (Tonton Bicha) Myriam Jean et Peterson Mead (Gason Makoklen et Sè Ana).

Madeleine nous dit avoir observé *une pause maman* entre 1996 et 2016 pour mieux nous revenir avec, dans son cartable plus d'une vingtaine de nouveaux titres dont une série de quatre pièces de théâtre écrites entre 1997 - 2000, appelée ***Tranches de vie***, traitant chacune d'une problématique. La première, ***Marilyse, Les raisons du cœur***, *une histoire vraie, sur le thème de l'amour, de l'amitié, de la solidarité, de la maladie.*

Elle nous offre sous cette couverture la seconde tranche de vie, ***Dans la peau de l'autre, Aberline,*** dont le thème est la quête identitaire, le racisme sournois, au sein de la société québécoise.

La troisième tranche de vie, ***Résidence surveillée, Éric*** (1990, actualisée), sur le thème du divorce et de ses conséquences sur les enfants ainsi que la reprise de contrôle sur sa vie, d'une femme face à un ex-mari envahissant…

La quatrième et dernière tranche de vie, *Le billet gagnant*, *Andréa dont* le thème est l'émergence sociale et la combativité de l'immigrant.

Suivront des titres pour enfants, de nouvelles pièces de théâtre, des romans, des recueils de poésie pour tous et pour adultes…

Et du paranormal… **Sommes-nous seuls ? Toc-toc, qui est là ?**

Vingt ans d'écriture donc à découvrir dans les prochains mois. Connaissant sa plume surprenante et incisive…, cette plume qui dérange et force à la réflexion, ça promet !

Remerciements spéciaux à :
L'artiste Albert Desmangles pour l'œuvre en couverture,
Charlotte Auguste pour son appui de toujours
Orphanie Bégon Leroy pour sa collaboration
(volet jeunesse) et la relecture.
L'équipe des Canado-Haïtiens Debout pour Haïti
CanHadHa Debout / Voix Sans Frontières

BUTTERFLY PUBLICATIONS
Miami Florida
margaretpapillon@gmail.com
butterflypublicationsmiami@gmail.com